유 · 통 · 상쾌한

# 영·혼·육의 건강과 행복전략

The Strategy to Pursuit Health and Happiness of Body, Soul and Spirit

정봉현 · 한제선 지음

전남대학교출판부

# The Strategy to Pursuit Health and Happiness of Body, Soul and Spirit

Bonghyun Jeong
Jeaseon Han

Chonnam National University PRESS

유·통·상쾌한

# 영·혼·육의 건강과 행복전략

님께

년 월 일

드림

# 머리말

"사랑하는 이여, 나는 그대의 영혼이 평안함과 같이, 그대에게 모든 일이 잘 되고, 그대가 건강하기를 빕니다."

– 성경 요한삼서 2절

"건강은 가장 자랑할 만한 육체의 아름다운 특성이다. 건강은 최고의 재산이다. 건강은 멋진 인생이다. 건강에는 자유가 있다. 건강은 모든 자유 중 제일가는 것이다. 건강한 몸은 정신의 사랑방이며, 병든 몸은 정신의 감옥이다. 세상에서 가장 어리석은 일은, 어떤 이익을 위하여 건강을 희생하는 것이다. 건강 유지는 우리들의 의무다. 건전한 정신이 늘 머물게 하기 위해서 육체를 건강하게 지키고 가꾸도록 하자".

– E. 스펜서

사람은 누구나 행복하고 건강한 삶을 원한다. 그래서 평생 정신적, 육체적으로 아무 탈이 없고 튼튼하게 살고자 노력한다. 모든 한국인의 가장 큰 소원과 신년 인사는 자신과 가족이 건강하고 행복하게 생활하는 것이다. 그래서 누구나 실하고 튼튼한 신체를 갖고 싶어 한다.

인간은 자연의 한 부분이지만 인간의 본질은 영혼이다. 인간은 물질계인 육체와 비 물질계인 영혼이 연합되어 만들어진 하나님의 피조물이다. 오늘날 사람들은 물질세계인 아름답고 건장한 몸을 만드는데 아주 관심이 많다. 2008년 한국의 사망 원인에서 자살이 전체의 4위를 차지하였고 자살하는 사람은 매년 크게 증가하고 있다. 자살은 마음(혼)이 건강하지 못한 정신적 불안과 염려로 부터 생긴다.

몸의 건강함은 인생을 살아가는 동안에 있는 짧은 행복이다. 그러나 영·혼의 질병은 영원한 생명과 사망을 가름하는 무서운 결과를 가져온다. 사람에게는 외형적이고 물질적인 신체건강도 소중하다. 그러나 가장 중요한 것은 영·혼의 건강성을 회복하여 자아의 정체성을 발견하고 영원한 생명을 소유하는 것이다. 이것이 진정한 행복이다.

짧은 인생에서 좋은 건강을 유지하는 것도 중요하다. 근본적으로 소중한 것은 영원한 생명을 소유하는 구원을 받고, 영혼의 건강을 유지하는 것이다. 즉 예수 그리스도 안에서 영혼의 영원한 행복인 영생을 얻는 일이다. 사람은 반드시 한 번 죽고, 그 이후에는 심판이 있다. 이 책을 통하여 예수님 안에서 죄 사함과 구원을 받고 영혼이 잘 됨같이 범사가 잘되고 강건하여 성숙한 하나님의 자녀로서 승리하길 기도한다. 모든 영광과 감사를 여호와 하나님께 드린다.

2011년 6월

정봉현 · 한제선

# 차 례

# 제1장

# 인간은 영 · 혼 · 육이 결합된 피조물이다

1. 인간이란 무엇인가?
2. 인간은 무엇으로 구성되어 있는가?
3. 영 · 혼 · 육이 건강하지 못하면 무슨 일이 생기는가?

# 1. 인간이란 무엇인가?

이집트의 스핑크스 전설은 우리에게 의미 있는 이야기를 전하고 있다. 사람의 얼굴과 사자의 몸을 가진 스핑크스가 걸어가는 사람에게 수수께끼를 내고 대답하지 못하는 인간은 모두 죽었다는 것이다. "아침에는 네 다리로 걷고, 점심때는 두 다리로 걷고, 저녁에는 세 다리로 걷는 것이 무엇이냐?".

그 해답은 '인간'이다. 아기 때는 기어 다녀서 네 다리고, 그 후에 서서 다니니 두 다리고, 늙으면 지팡이를 짚으니 세 다리가 된다는 의미이다. 아침 해가 서산에 지는 것처럼, 인간은 짧은 인생의 현실을 의식하지 못하며 살아간다. 그렇게 인생을 살아야 신통하지 못하니 죽이겠다는 이야기가 된다. 즉 이러한 질문을 인간에게 던지는 이유는 사람은 동물과는 달리 자기 존재에 대하여 바로 알고 살아야 한다는 뜻이다.

어떤 사람은 인간을 "도구를 만드는 동물'이라 하였고, 셰익스피어는 그의 명작 '햄릿'에서 인간을 신처럼 보았다. "인간, 그 얼마나 위대한 걸작인가! 이성은 고귀하고, 능력은 무한하며, 행동은 천사와 같고, 이해력은 신과 같다. 지상의 아름다움이요, 만물의 영장이다." 인간을 이해하는 문제는 이처럼 다양하다. 이것은 그만큼 이해하기 어려운 존재가 인간임을 말해준다.

인간은 그의 가치기준을 어디에 두느냐에 따라 우리는 동물적 인간이 되거나, 혹은 차원 높은 생을 설계하는 자가 된다. 인간은 불완전하며 유한한 존재로서 항상 한계 상황을 느끼며 살아간다. 그러나 신앙의 주체인 절대자에 대한 인식이 높은 차원의 인생을 설계하고 구원, 희망, 용기, 새 삶 같은 것들을 체험하게 만든다. 그러므로 인간으로 태어났다는 것은 단순히 부모가 낳았기 때문이 아니라, 한 차원 더 나아가 어떤 특별한 목적과 뜻이 있다는 것을 헤아려야 한다.

# 2. 인간은 무엇으로 구성되어 있는가?

## 인간의 구성

인간은 언어를 가지고 사고할 줄 알고 사회를 이루며 사는 고등동물이다. 인간은 자연의 한 부분이지만 인간의 본질은 영·혼이다. 인간은 물질계인 육체와 비 물질계인 영·혼이 연합되어 만들어진 피조물이다. 성경은 "여호와 하나님이 흙으로 사람을 지으시고 생기를 그 코에 불어 넣으시니 사람이 생령이 된지라"(창 2:7)고 말한다. 이것은 사람이 하나님의 생명을 받아 하나님과 교제하며 살아가는 영적인 존재가 된 것을 의미한다.

인간의 육체와 영·혼은 연합되어 하나로 존재해서 분리하지 못한다. 인간의 죽음은 육체와 영혼이 분리되는 상태이다. 육체는 영이 거하는 집과 같고 영혼을 담는 그릇이다. 영과 육은 실제로 존재하지만 혼은 하나의 역할과 기능이다. 계란으로 비유하여 설명하면, 영은 생명이 되는 노른자, 혼은 생명의 역할을 돕는 흰자, 육은 노른자와 흰자를 담고 보호하는 껍질로 쉽게 설명할 수 있다.

영은 인간의 가장 중요한 핵심과 실존이며 생명 그 자체이다. 영이 실제로 존재하는지 알아보기 위해 독일의 과학자들이 죽음이 임박한 사람을 정밀한 저울 위에 눕혀 놓고 사망 전과 사망 시 무게를 달아보았다. 성인의 경우에 약35g의 무게가 줄어든 것으로 확인되었다.

## 영 · 혼 · 육의 기능

영, 혼, 육은 각각 그 기능과 역할을 가지고 있다. 영은 생명의 본질이며 영교의 기능으로 영의 세계와 교통한다. 영에는 양심 또 직관의 기능이 있는 데, 이를 직감 혹은 영감이라 말한다. 혼에는 정신, 자아, 지능, 생각, 감정 및 의지 등의 기능이 존재한다. 이 중에서 지성, 감성 및 의지는 인격의 대표로서 인격의 3요소이다. 육체는 혈액(피), 뼈와 살로 구성되어 있다. 육에는 시각(eyesight), 청각(hearing), 미각(testing), 후각(smelling) 및 감각(feeling) 등 오감이 있다.

영은 영의 세계와 접촉하며 육체 안에 갇혀 있다. 인간은 영적으로 예민할 때 까지 잘 느끼지 못한다. 혼은 영의 세계와 육체(물질세계)의 교량적 역할을 수행한다. 혼에는 의지와 선택권이 있어서 영과 육의 건의에 동조나 묵인하고 거절하는 권한이 있다. 혼은 인격적인 기능과 인간의 자아의식을 갖고 있어 인격의 특성이 혼을 통해 나타난다. 육은 물질세계와 접촉하는 기능이 있다. 영은 영성을 갖고, 혼과 육은 이성과 본성의 성격을 가진다.

◩ 인간의 구성 요소 ◪

| 구성 | 영(spirit) | 혼(soul) | 육(flesh) |
|---|---|---|---|
| 자아 | 성경을 놓고 보는 나 | 지식을 놓고 보는 나 | 거울로 보는 나 |
| 양식 | 말씀 | 지식 | 물, 음식물, 공기 |
| 수명 | 생명 | 이름, 명예 | 목숨 |
| 기능 | 양심, 직관 | 지성, 감성, 의지 | 시각, 청각, 미각, 후각, 감각 |
| 성격 | 영성 | 이성 | 본성 |

## 3. 영 · 혼 · 육이 건강하지 못하면 무슨 일이 생기는가?

### * 영과 혼의 기능

영의 기능은 양심, 직관, 및 영교이며, 영성을 소유한다. 이것은 신적인 성품과 기능으로 하나님을 의식하는 것이다.

양심은 사물의 가치를 변별하고 자기의 행위에 대하여 옳고 그름과 선과 악의 판단을 내리는 도덕적 의식이다. 직관은 감각, 경험, 연상, 판단, 추리 따위의 사고 작용을 거치지 아니하고 대상을 직접적으로 파악하는 작용이다. 영교는 영적세계와 교통하는 것이다.

혼의 기능은 지성, 감성, 의지이며 이성적인 특성이 있다. 지성은 지각된 것을 정리하고 통일하여, 이것을 바탕으로 새로운 인식을 낳게 하는 정신작용이다. 감성은 외계의 대상을 오관(五官)으로 감각하고 지각하여 표상을 형성하는 인간의 인식능력을 말한다. 의지는 어떠한 일을 이루고자 하는 마음이다.

영과 육체는 실제로 존재하나 혼은 기능적 부분이다. 혼은 영 또는 육에 붙어서 기능한다. 혼에서 사람의 본래 성품, 죄의식 및 습관이 생겨서 육체로 표출되어진다. 혼은 인격이라 육에 붙으면 육의 사람, 영에 붙으면 영의 사람이 된다. 혼은 인간의 자아(주체)로서 영과 육체를 함께 묶고 연결한다. 따라서 혼의 자유의지가 영·육 간 선택을 결정하여 영에 속한 사람 혹은 육에 속한 사람이 된다. 혼의 생각, 감정, 의지 등의 작용으로 하나님을 따를 때 영에 순종하고 육체를 따를 때 죄악을 범한다.

크리스천으로 하나님을 믿으면서 육신의 생각과 마음을 벗어나지 못하면 세상의 풍속을 좇고, 세상기준으로 판단하며 생활한다. 이들은 하나님의 자녀이지만 외견상으로 비기독교인과 유사한 삶을 살아 교회출석이 종교생활의 행위가 되고 만다.

## ✻ 육의 기능

육은 시각, 청각, 미각, 후각, 촉각 등의 기능을 갖고 본능적 특성이 강하다. 시각은 사물을 관찰하고 파악하는 기본적인 자세이고, 청각은 소리를 느끼는 감각이다. 미각은 맛을 느끼며, 후각은 냄새를 맡는 감각이다. 촉각은 물건이 피부에 닿아서 느껴지는 감각이다. 육은 오감과 느낌을 통하여 주위 세계와 연결하며 세상을 의식한다.

육체는 영혼을 담는 그릇이다. 그릇이 깨지고 잘못 사용하면 육체도 병들고 마음이 힘들면서 영혼이 피폐해진다. 사람은 영적으로 충만하여도 육체를 관리하지 못하면 병이 든다. 육체가 아프면 신경계에 이상을 일으켜서 혼에 정신적 불안과 충격 등의 문제를 발생시킨다. 사람은 스트레스를 받으면 신경장애와 눌림으로 저항력이 약화되어 불안, 우울증 및 심기저하를 일으키고 영적으로는 불신과 염려를 낳게 된다.

## ✻ 영 · 혼 · 육의 건강성

성경은 "사랑하는 자여 네 영혼이 잘됨같이 네가 범사에 잘되고 강건하기를 내가 간구 하노라."(요삼 2)고 말한다. 우리는 영 · 혼 · 육으로 구성되어 모두 건강하게 살아야 한다는 뜻이다. 인간이 행복하려면 건강해야 한다. 인간의 돈과 명예가 아무리 많아도 건강하고는 못 바꾸며, 이 때문에 건강관리에 온 신경을 쓴다. 건강은 몸 잘되는 복이다. 몸은 과로(過勞), 과식(過食), 과음(過飮) 같이 과(過)자가 붙는 일이 몸을 가장 해친다. 과도하게 일하면 몸에 골병(骨病)이 든다. 지나치게 많은 음식을 먹으면 위장병과 성인병은 물론 비만으로 일상생활에서 무척 고생한다.

몸이 건강해도 혼이 건강하지 못하면 더욱 큰 문제이다. 혼(soul)이 병들면, 사람은 저능아나 정신병자가 된다. 발달된 현대의학의 도움으로 육신이 건강하여 장수할 수 있다. 그러나 마음(혼)이 건강하지 못하여 우울증과 자살은 물론 범죄가 증가하고 사회적인 문제로 부각되어 있다.

몸과 혼도 건강하나, 영(靈)이 건강하지 못하면 가장 큰 문제이다. 영은 본질적으로 하나님과 교제하는 생명체이며 영성이 있다.

하나님은 사람을 흙으로 만드신 후에 사람의 코에 생기를 불어 넣으셨다. 이 영은 하나님의 말씀을 읽어야 건강하며, 기도를 통해 숨을 쉬며 전도하고 운동해야 한다. 아담이 범한 죗값으로 인간의 영은 죽어 있다. 인간의 영이 죽으면 하나님과의 교제가 끊어지고, 육신(肉身)이 죽으면 영혼(靈魂)은 지옥으로 간다. 그러나 영은 죄를 회개하고 예수님을 믿을 때, 성령의 권능으로 죽은 영이 살아난다. 사람의 영이 잘되고 건강해야 영원한 생명인 영생을 소유한다. 그와 반대로 영이 죄악에 빠진 인간 양심의 지배를 받게 되면 불행하다. 인간의 영은 하나님을 믿고 성령의 지배를 받으면 영이 건강해진다. 따라서 영과 혼이 잘되면 몸도 좋아져서 모든 영 · 혼 · 육이 건강해진다.

## 다시 생각하기 !

사람은 동물과 달리 자기 존재에 대하여 바로 알아야 한다. 인간의 실존은 불완전하며 유한한 존재로서 항상 한계 상황에 부딪힌다. 이러한 인간은 어떤 특별한 목적과 뜻이 있다는 것을 헤아려야 한다. 사람은 언어를 가지고 사고할 줄 알며 인간사회를 이루고 있다. 인간은 물질계인 육체와 비물질계인 영혼이 연합되어 만들어진 피조물이다.

영은 신적인 성품과 기능으로 하나님을 의식한다. 혼은 이성적인 특성이 강하고 육은 본능적 가능이 강하다. 영・혼・육으로 구성된 인간은 모두 건강하게 사는 것이 중요하다. 몸과 혼이 건강해야 행복하다. 몸과 혼이 건강하나 영이 건강하지 못하면 가장 큰 문제이다. 영은 하나님의 말씀을 읽고 기도로 숨을 쉬어야 영원히 행복하게 된다. 따라서 영과 혼이 잘되면 몸은 좋아지고 모든 영・혼・육이 건강하게 되며 기쁘다.

# 제 2 장

# 인간은 행복한 삶을 원한다.

1. 인간은 무슨 욕망을 갖고 있는가?
2. 인간은 왜 탐욕적인가?
3. 인간의 탐욕은 다스려야 하는가?
4. 사람이 추구하는 행복한 삶의 모습은 무엇인가?

# 1. 인간은 무슨 욕망을 갖고 있는가?

## 인간의 욕망 추구

인간은 만물의 영장이다. 인간은 생각을 하고 언어를 사용하며 도구를 만들어 사회를 이루어 산다. 사람은 일생을 속아서 산다는 속담이 있다. 인간들은 온갖 곤란과 고통을 겪으면서도 그래도 다음번에는 좀 나아지겠거니 하는 막연한 기대 속에서 일생을 속으며 산다는 것이다. 사람의 마음속에 있는 가장 뚜렷한 특성은 욕망이다. 욕망은 생물이 어떠한 혜택을 누리고자 하는 감정으로, 자신에게 부족한 것을 채우기 위한 느낌이 강하다. 이러한 인간은 욕망을 가지고 무엇을 갈망하며 살아간다.

인간은 동물보다 우월하여 명예를 추구한다. 어떤 사람은 많은 재산과 건강한 생활보다 다른 사람으로부터 존경받기를 원한다. 그는 다른 사람들로부터 존경을 받지 못하게 되면 결코 만족하지 못한다. 인간의 이성을 존중하여 사회적인 지위보다 사람이 인식하는 지위를 높게 생각하고 만족한다. 인간을 가장 멸시하고 구박하는 사람조차도 타인으로부터 칭찬과 신임을 받고 싶어 한다. 결국 인간은 자신의 감정에 의해서 자기모순에 빠져 버린다.

인간의 욕망에 대한 재미있는 예화가 있다. 엄청나게 넓은 땅을 가지고 있는 지주가 죽을 때가 되자 평생 곁에 있어준 노예를 불러 이렇게 말했다. “너는 평생 곁에 있으면서 내가 이 넓은 땅을 가질 수 있게 도와주었다. 그러니 이제 너에게 땅을 나누어주겠다. 네가 해가 지기 전까지 달려가서 이 말뚝을 박고 오는 그곳까지 너에게 주겠다.” 그 말을 들은 노예는 말뚝을 들고 힘껏 지평선을 향해 달리기 시작했다. 해가 중천에 있을 때까지 달려갔지만 아직도 그 넓은 땅은 끝이 보이지 않았다. “조금만 더 뛰면 더 많은 땅을 가질 수 있어.” 노예는 숨도 쉬지 않고 더 힘껏 달리기 시작했다. 이윽고 그는 주인의 집이 보이지 않을 때까지 달려가 그곳에 말뚝을 박았다. 그리고는 서둘러 되돌아오기 시작했다. 하지만 너무 많이 달려왔기 때문에 돌아오는 길은 무척이나 멀고, 힘들며 피곤했다.

그러나 해가 지기 전까지 집에 도착하지 않으면 주인의 약속은 물거품이 될게 뻔했다. 그는 젖 먹던 힘을 다해 달리고 또 달렸다. 마침내 그는 해가 지기 전에 주인 앞에 도착할 수 있었다. 그는 주인 앞에 도착하자마자 땅바닥에 쓰러져 버렸다. “주인님! 이제 주인님 땅 중에서 절반은 제 것입니다.” 이렇게 말 한 후에 노예는 숨을 거두고 말았다. 주인은 그 모습을 지켜보다가 안타까운 표정으로 다른 노예를 불러 말했다. “좋은 관에 넣어 좋은 곳에 묻어주도록 해라. 결국 한 평의 무덤밖에 갖지 못할 거면서—.”

인생에는 한계가 있지만 욕망에는 그 끝이 없다. 우리가 지나치게 먹으면 몸이 아프듯이 지나친 욕망은 개인과 사회를 망친다. 인간은 소유의 길을 끝없이 달리는 욕망의 전차와 같다. 그래서 때 묻은 자신의 욕망을 비춰 보는 거울을 마음속에 항상 가져야 한다. 그것은 마음속에 있는 욕망의 쓰레기를 씻어주는 청량제가 된다. 시민윤리에서 적절한 정도의 욕망은 인간이 살아가는 데 필수적이다. 그러나 과도한 욕망은 주변인에게 피해를 입히며 자신을 망치고 사회에도 해를 끼친다.

## 인간욕망과 소비욕구

경제학은 "인간의 욕망은 무한하지만, 그 욕망을 채워줄 자원은 유한하다."라고 말한다. 인간은 욕망을 채우기 위하여 선택하려는 의지를 갖는다. 인간의 경제사회에는 크게 소비자, 기업과 정부 주체가 있다. 소비자는 가장 적은 비용으로 가장 많은 소비를 한다. 기업은 가장 적은 비용으로 가장 많은 이윤을 추구한다. 정부는 공공복리를 위해서 가장 적은 세금으로 가장 큰 정책 효과를 거둔다. 니스카넨 학자는 정부 관료는 쓸 데 없이 업무를 늘려서 행정 권력을 최대로 행사한다고 분석하였다. 경제학에서는 인간을 합리적 개인으로 상정하고 있다.

모든 인간의 욕구는 "소비"이다. 소비자가 소비욕구를 갖고 있는 것은 쉽게 이해된다. 기업인도 이윤을 획득한 이후에 집으로 돌아가면 일반 시민이고, 돈을 사용하여 소비한다. 혹자는 소비보다는 학문적 소양이 중요하다고 주장한다. 하지만,

그는 교양을 얻기 위하여 책을 사고 대학에 등록금을 납부하고 교육서비스를 소비한다. 어떤 이는 산에 들어가서 자연으로 돌아간다고 말한다. 이러한 사람은 경제학에서 큰 의미가 없다. 왜냐하면, 그 사람에 비해서 "인생목표가 소비이다"라고 말하는 사람들에 의해서 상쇄되기 때문이다. 이런 사람은 전 세계 인구에 비하면 매우 극소수에 불과하다.

자본주의 사회에서 인간은 기본적으로 소비욕구 하에서 행동한다. 인간의 모든 욕구는 소비라는 개념으로 해석할 수 있다. 소비라는 단어는 원래 프랑스어와 영어에 기원이 있다. 소비는 본래 파괴, 자멸, 약탈 등의 의미가 있다. 인간이 소비하면 할수록 지구촌 환경은 파괴된다. 그래서 근대사회에 나타난 대량생산, 대량소비에 대한 방향을 다시 논의한다. 실제로 교토협약 이후 이미 유럽에선 이산화탄소가 돈으로 실제 거래되고 있다. 시장은 위협을 스스로 변화하는 모습으로 해결할 힘을 갖고 있다.

인간은 동시에 여러 가지 면을 갖고 있다. 착하고 악하며 이기적이고 이타적이다. 단호하면서도 우유부단하고 경박하면서도 단호하다. 그러나 인간의 모든 욕망은 각자 자신이 원하는 것을 달성하려는 희망이다. 그것은 좋은 의미로 꿈과 희망이고, 나쁜 측면에서 욕심 또는 욕망이다. 서로의 욕심과 욕망, 꿈이 상충하므로 인간사회에 규칙이 필요하다. 우리가 결정한 규칙을 잘 준수하면 사회에서 다툼과 분쟁이 적어진다. 인간사회는 항상 이해관계를 둘러싸고 다툼이 계속된다. 이러므로 사회는 인간의 욕심 때문에 근본적으로 불합리하고 부조리하다.

자본주의는 인간의 욕망을 잘 이용한다. 그래서 인간이 생각한 시스템 중에서 가장 문제점이 적다. 자본주의는 인간의 욕망을 긍정적으로 바라보고, 이의 실현을 적극적으로 권장한다. 서로 열심히 노력해서 원하는 희망을 달성하려고 한다. 물론 기본적인 규칙은 지켜야 하나 공정하지 못하다. 힘이 있고 많이 가진 사람에게 유리할 수밖에 없다. 그것은 인간의 지혜가 부족하기 때문일까? 지금까지 아무도 그 해답을 제공하지 못한다. 요즈음 그 문제점은 자본주의라는 그럴듯하게 내세운 명칭 하에 많은 것을 묵인하고 살아간다.

## 개인욕망과 사회질서

우리 사회가 "정말 공정한 규칙에 의하여 움직이고 있는가?" 사회에서 소외된 많은 사람들은 그 경쟁에서 노력을 게을리 했기 때문은 아니다. 부모를 잃은 어린 아이들, 자식이 일찍 사망한 혼자된 노인들, 때론 불의의 일을 당한 사람들이 모두 우리가 경쟁하는 상대는 아니다. 물론 그들을 돌봐야 하는 1차 책임은 정부에 있다. 그러나 정부가 그 모든 것을 책임질 수 없다. 오히려 모든 것을 정부가 책임지고 나면 비극이 된다. 누가 자기 수입의 30-50%를 세금으로 내려고 할 것인가? 그리고 세금은 정말 제대로 된 곳에 쓰일 것인가 생각하면, 머리가 복잡하다. 하지만 우리의 대부분은 자본주의라는 이름 하에 많은 소외된 사람들의 문제를 단지 그들 자신의 문제라고 치부하는 경향이 있다. 개인의 욕망과 욕심 때문에 이런 문제를 교묘히 숨기고 모른척한다. 어느 기사를 보면 한국의 행복지수가 세계적으로 하위권에 있다. 오히려 방글라데시와 같은 나라들이 상위권이라는 보도나 기사가 있다. 점점 국가는 발전하고 경제는 성장하는 데 왜 행복하지 않을까? 잘사는 나라 힘센 나라도 좋다. 그러나 기본적으로 행복하고 건강한 삶과 국가를 만드는 것이 매우 중요하다.

인간은 생각하고 언어로 표현하며 사회를 만든다. 인간은 각자 욕망을 가지고 무엇을 추구하며 살아간다. 사람이 추구하는 욕망은 각각 다르며 끝이 없지만, 인생에는 한계가 있다. 인간은 욕망을 채우기 위하여 선택하는 의지가 있다. 인간의 기본적인 욕구는 소비이다. 자본주의 사회에서 사람은 소비욕구를 바탕으로 행동하며 충족시키려 한다. 그러나 사회는 인간의 욕심 때문에 근본적으로 불합리하고 다툼이 생긴다. 인간사회는 근본적으로 공정한 규칙에 의하여 움직이지는 않다. 개인의 욕심과 욕망 때문에 싸움과 불평이 쌓이고 공공복리와 행복이 무너진다. 개인의 욕망을 잘 다스리고 타인을 사랑하여 사회규칙과 질서를 지키는 것이 중요하다. 이것이 근본적으로 건강한 삶과 행복한 사회를 만드는 지름길이 될 것이다.

# 2. 인간은 왜 탐욕적인가?

## 인간의 욕심과 탐욕

인간은 누구나 욕심을 가지고 있다. 욕심은 무언가를 바라고 얻고자 하는 마음이다. 욕심은 단순한 바람과 뜻이 같지 않다. 욕심은 소유의 개념이 대부분 들어가지만, 바람은 꼭 그렇지는 않다. 많은 돈을 모으려는 욕심이란 표현은 그 의미가 어색하지 않다. 욕심에는 갖기 어려운 것을 갖고자 하는 마음 또는 과한 바람이란 뜻이 들어있다. 욕심은 부정적인 의미가 강하며, 종교에서도 부정적인 것으로 여긴다. 성경은 "욕심을 하나님의 뜻이 아닌 죄가 된다."라고 말한다.

탐욕은 지나치게 탐하는 욕심이다. 인간의 탐욕은 하도 끝이 없다고 한다. 탐욕을 버려야 제대로 보이며 음식에 탐욕을 부리면 탈이 난다. 사람은 탐욕에 눈이 어두워져 제대로 된 사리판단을 못하는 지경에 이른다. 지구온난화로 말미암은 지구의 기후변화나 대 재항은 인간의 탐욕에 대한 응징이라고 말한다. 사람은 누구나 권력, 재물 및 명예에 대한 탐욕에 집착한다. 다른 사람의 재산, 봉사 및 명예를 탐한 나머지 공연히 그 동료와 이웃을 헐뜯는다. "어떻게 사람으로서 저럴 수 있는가?"라고 머리를 흔들지만, 정작 자신의 탐욕은 심각하게 생각하지 않는다. 인생을 사는 동안 대단한 탐욕도 없었고 또 실제로 큰 욕심 없이 생각했기 때문이다. 그러한 사람도 살펴보면, 한두 번 어처구니없는 탐욕에 시달린 끝에 탄식한다.

## 탐욕의 원인과 예화

사람은 깊은 곳에 있는 죄의 본능으로 인하여 탐욕의 수렁에서 벗어나기 어렵다. 즉 인간 내면에 있는 탐욕의 본능이 사람을 흔들고 불쌍한 존재로 만든다. 오늘날 인간은 탐욕의 유혹 속에서 생활한다. 탐욕 때문에 허영과 실패를 경험하며, 그 결과는 정말 비참하다. 탐욕의 보상과 약속이 크게 보여도 결국 무상하고 허무하다. 인간은 탐욕 속에서 없는 것을 있는 것으로 착각하여 그것을 필사적으로 잡으려는 탐욕이 생긴다. 탐욕은 원래 공허하고 허망하여 언제까지도 충족되지 못한다.

1912년 2월 15일 새벽 2시 20분, 당시 최고의 배였던 타이타닉호가 대서양을 처음 항해하였다. 항해 중 빙산에 부딪쳐 침몰하였고, 그 사고로 승객 2,224명중 무려 1,513명이 사망하였다. 타이타닉호의 침몰사건에는 여러 일화가 있는데 그 중에 이런 비극적인 일도 있었다. 타이타닉호가 빙산에 부딪혀 침몰하기 시작하자 선원들은 구명보트에 부녀자들만을 태워서 구출하였다. 이때 마지막 구명보트를 막 타려던 한 부인이 갑자기 생각난 듯 선원에게 말했다. “잠깐만 기다려 주세요. 방에 제 목걸이를 두고 왔어요.” 그러자 선원은 말했다. “예, 부인 속히 다녀오십시오. 5분만 기다리겠습니다.” 그래서 부인은 목걸이를 찾으러 갔고, 구명보트는 잠시 그 부인을 기다렸다. 그러나 웬일인지 부인은 5분이 지나도 오지 않았다. 그 부인의 방까지는 2분이면 갔다 올 텐데 오지 않는 것이다. 초조하게 기다리던 선원은 다른 승객들의 안전을 생각해서 이제 구명보트를 내릴 수밖에 없었다. 그래서 5분이 훨씬 지난 후 구명보트를 내려 보냈다. 그러자 한 15분쯤 지나서 그 부인이 얼굴이 질려서 부랴부랴 달려왔다. 그러나 이미 구명보트는 저 멀리 가버렸고, 부인은 죽을 수밖에 없게 되었다.

그때 그 부인이 단 2분이면 갔다 올 그 방을 왜 15분이나 걸려 다녀와서 결국 죽게 되었는지 아는가? 그 부인은 곧장 달려가서 자기 목걸이를 찾았다. 그러나 방에서 막 나오려던 그 부인은 그 방에 널려져 있는 귀금속을 보았다. 다른 사람들의 귀금속들이 배의 사방에 널려 있었던 것이다. 그래서 그 부인은 잠깐 그걸 줍겠다고 주워 모으기 시작했다. 그러나 약속한 시간이 지나는 줄도 모르고, 자기가 죽게 되는 것도 몰랐다. 마냥 보석만 주워 모으다가 문득 정신이 들었을 때는 이미 구명보트는 내려진 후였다.

인간의 탐욕은 이렇게 무섭다. 탐욕에 눈이 멀면 삼척동자도 아는 상식을 다 잊어버리고 그냥 죽음과 멸망의 길로 달려간다. 이 부인은 물욕에 눈이 멀어서 자기가 지금 어떤 처지인지도 모르고 그걸 주워 모으다가 죽은 것이다.

인류 역사를 보면, 탐욕으로 비참하게 죽어가고 오명을 남긴 사람들이 많다. 돈에 눈이 멀어 남편을 죽이는 부인, 정욕에 눈이 멀어 패가망신하는 사람들도 있다. 또한 정권욕에 눈이 멀어 국민을 탄압하고 학살하는 독재자들, 이런 사람들이 사람들의 비난거리가 되며, 역사의 심판을 받고 비참하게 죽어간다. 인간은 누구나 꿈과 희망을 가지고 살아간다. 그러나 그것을 탐욕으로 바꾸어서는 안 된다. 돈, 명예, 또는 권력에 욕심을 부리면 결국 그 탐욕에 눈이 멀고 상상도 할 수 없는 바보짓을 하고는 비참한 최후를 맞게 된다. 탐욕에 빠지지 말고 오히려 정당하게 내게 주어지는 것으로 만족하고 순리에 맞는 인간다운 삶을 살아야 한다.

## 3. 인간의 탐욕은 다스려야 하는가?

### 탐욕의 요인과 실화

사람은 탐욕 혹은 탐심에 빠지지 말고 정당하게 주어진 것에 만족하면서 순리에 맞는 인간다운 삶을 살고자 한다. 그러나 실제로 탐욕으로 비참하게 죽어가고 인생에 오명을 남기는 사람들이 많다. 인간은 탐욕으로 부모에게 불효하고 살인하고 도적질한다. 탐심의 우상숭배가 되고 거짓말하고 비도덕적인 행위나 범죄를 저지른다.

이러한 탐욕으로 말미암은 나쁜 행동과 죄의 결과는 바로 마음에서 나온다. 사람이 갖고 싶은 욕망에 사로잡히고, 욕망을 다스리지 못하면 탐욕에 빠진다. 문제는 욕망 자체에 있는 것이 아니라 욕망의 포로가 되어 다스리지 못하는 데 있다.

탐심 때문에 우리는 삶에서 불만족이 많아지고 불평이 늘어난다. 탐심은 채워도 만족할 줄을 모르는 큰 수렁과도 같다. 사람은 원하는 것을 갖게 될 때, 그 만족은 잠깐이다. 얼마 가지 않아서 다시 새것을 갖고 싶은 욕망을 느낀다. 탐욕에 사로잡히는 한, 인간의 삶에는 만족과 행복도 찾아볼 수 없다. 탐욕을 다스리지 않는 한 인간은 허무를 벗어날 길이 없다. 가져도, 가져도 채워지지 않는 이 허무함을 벗어날 길이 없기 때문이다. 잠시 기쁠지 모르나, 시간이 흘러가면 그 기쁨은 무디어진다. 조금 더 있으면 좋겠구나 하는 욕망을 벗어버릴 수 없게 된다. 더 많이 가짐으로써 공허한 욕구를 채워보려고 하지만, 욕구는 결코 소유로 채워지지 않는다.

탐욕은 허무 또는 갈등을 만든다. 더 많이 갖고자 서두르다 보면, 다른 사람들과 좋은 관계를 갖기 어렵다. 더 많이 축적하려는 탐심에 사로잡히면, 사람과 사람과의 관계가 불편해진다. 더 많이 소유하기 위하여 상대방을 짓밟거나 이용하기 때문이다. 결국, 탐심은 갈등을 낳고, 또한 고독에 빠져들게 한다. 탐심을 다스리지 못하면, 사람은 결코 행복, 만족감 또는 감사도 찾을 수 없다.

크리스천 정신과 의사인 Alex Comfort 박사가 자신의 환자 한 사람을 소개한 적이 있다. 이 환자는 1980년에 $15,000를 벌었는데, "$30,000만 벌면 세상 걱정거리는 다 사라질 것이라고" 생각했다. Comfort 박사는 "당신의 수입과 행복은 관계가 없습니다. 당신의 마음가짐이 문제입니다." 라고 경고하였다. 이 환자의 작은 사업은 점차 번창하여 7년 뒤에는

$100,000의 수입을 올리게 되었다. 그러나 그의 정신적 상태는 더욱 나빠졌다. 더 큰 집에서, 더 좋은 자동차를 타고, 더 좋은 사립학교에 자녀들을 보내게 되었지만, 불만, 짜증 및 싸움도 점점 많아졌다. 그리고 더욱 욕심꾸러기가 되었다. 그러던 어느 날 가벼운 심장마비를 일으켰는데, 이때를 계기로 해서 자신의 인생관을 돌이켜 반성하고, 그리스도인의 삶을 살게 되었다.

## 탐욕의 관리

사람의 탐욕은 행복을 보장하지 못하고 불만족을 가져온다. 탐내는 인생에는 삶에 대한 행복, 감사, 또는 만족이 없다. 사람은 탐욕을 관리하는 방법을 알고 삶에 적용하는 것이 무척 중요하다.

**첫째, 인생의 목적과 길을 먼저 깨달아야 한다.** 사람이 인생의 목적을 모르면, 탐심으로부터 자유로워 질 수 없다. 인생의 길을 모르는 사람은 소유욕이 매우 강하다. 어떻게 살아야 하는지를 모르기에 돈만 있으면 최고인 줄 착각한다. 인생을 어떻게 살아야 하는지를 깨닫게 되면, 소유는 소유의 자리에 머물게 된다. 더 많이 갖는 것이 우리 인생의 진정한 목적이 아니다. 분명한 인생의 목적과 길을 모르면 탐욕에 사로잡혀 인생을 살아간다. 그런 사람은 욕망이나 탐욕에 이끌리어 생활한다. 삶의 이유와 목적이 분명해야 탐욕을 다스릴 수 있다. 탐욕은 인생에서 행복과 감사도 삼켜버리고 망가트린다. 진정한 인생의 목적을 알게 되면, 탐욕의 굴레로부터 자유롭게 벗어난다.

**둘째, 사람은 각자 소유에 대한 이해가 달라져야 탐욕으로부터 자유롭다.** 내가 가진 것을 자기 것으로 생각하는 한, 그 사람은 탐욕으로부터 자유롭기 힘들다. 내가 가진 것을 소유함에서 아니라, 나눔으로서 갖는 행복을 찾기 어렵다. 우리가 가진 것은 영원히 자기 것이 아니다. 단지 살아 있는 동안 자신이 갖고 쓸 수 있을 뿐이다. 누구나 자기 스스로 벌어서 돈으로 샀기에 자기 것이라고 생각한다. 그러나 이 모든 것도 영원히 가져갈 수 없다. 누구나 죽을 때는 가진 모든 것을 세상에 두고 간다. 사람은 하나님께서 인간에게 단지 맡겨주신 것을 자기 마음대로 쓰고 있을 뿐이다.

사람이 탐욕으로부터 자유로우려면 우선 깨달아야 한다. 많이 쌓아 놓는 것이 능사가 아니라 맡겨주신 분의 뜻대로 쓰는 것이 바로 사는 길이다. 탐욕은 자꾸 쌓아 놓게 한다. 그러나 재물의 주인이 누구인지를 깨닫게 되면, 바로 쓰는 것이 기쁨임을 배운다. 탐욕의 사슬에서 벗어나야 욕망을 다스릴 줄 아는 새롭고 행복한 삶을 살아간다.

**셋째, 행복이 어디에 있는지를 깨달아야 탐욕을 다스린다.** 사람들은 더 많이 소유하면 더 많이 행복할 것이라고 착각한다. 행복은 어떤 조건이 충족되어야 임하는 것으로 생각한다. 더 아름다운 아내를 맞으면, 더 많이 가지면, 더 많이 유명하면, 이런 조건들이 충족되면, 행복해 질 것으로 여긴다.

과연 삶의 현실을 보면 결코 그렇지 않다. 행복은 조건이 충족되어야 임하는 것이 아니다. 행복은 스스로 자족하는 마음에서 나오며 감사가 생겨난다. 조건이 충족되고 더 많이 소유하면, 행복해 질 것이라는 탐욕이 보여주는 환상에서 벗어나야 한다. 성경을 보면, 사도 바울은 로마의 옥중에서 빌립보 교인들에게 보낸 편지에서 이렇게 기록한다. "내가 궁핍해서 이렇게 말하는 것이 아닙니다. 나는 어떤 처지에서도 스스로 만족하는 법을 배웠습니다. 나는 비천하게 살줄도 압니다. 배부르거나 굶주리거나, 풍족하거나 궁핍하거나, 그 어떤 경우에도 적응할 수 있는 비결을 배웠습니다(빌 4:11-12)." 조건이나 환경이 문제가 아니다.

사람의 행복이나 기쁨은 스스로 자족하는 마음에서 나온다. 어느 나라에 우울증으로 고생하는 왕이 있었다. 천하에 유명한 의사들을 불러 치료를 받아보았지만 효험이 없었다. 그런데 어느 날 점성술사가 왔는데, 그의 처방이 특이했다. 그는 임금님이 세상에서 가장 행복한 사람의 내의를 가져다 입으면, 우울증이 치료될 수 있다고 말했다. 왕은 명령을 내려서 행복한 사람을 찾으라고 했다. 고생 끝에 군사들이 행복한 할아버지를 찾아내어 왕궁으로 데려왔다. 임금은 즉시 내의를 달라고 했다. 그러자 이 할아버지는 몹시 주저하였다. 왕이 다그쳐 명령했더니 할아버지는 대답했다. "왕이시여 제게는 갈아입을 내의 한 벌 없습니다." 행복은 탐내거나 조건이 충족되는 데서 오는 것도 아니다. 이 진리를 깨달아야 탐심을 다스리고 그 사슬로부터 자유로워진다.

**넷째, 진정한 성공을 깨달아야 탐심을 다스린다.** 진정한 성공이란 어떤 것인가? 성공을 싫어하는 사람은 아무도 없다.

모두 다 성공하기를 원하나 진정한 성공에 대해서는 잘 모른다. 진정한 인생의 성공을 알지 못하기 때문에, 사람은 탐욕에 사로잡혀 살아간다. 더 많이 소유하고 쌓아 놓는 것이 성공이라는 착각에 빠진다. 인생의 성공과 실패는 사람이 죽을 때 판단된다. 한때 성공했던 사람이 인생 실패의 나락으로 굴러 떨어지는 사람들이 많다. 성공과 실패를 판단하는 진정한 기준은 정상에 있을 때가 아니다. 사람이 죽어 인생을 마치는 때에 비로소 인생의 성공은 평가받는다.

성경에 보면, "사람이 한 번 죽는 것은 정해진 일이요, 그 뒤에는 심판이 있다."고 기록되어 있다(히 9:27). 사람이 삶을 마치고 하나님 앞에 서는 때에 심판받는 다. 그때 하나님께서 착하고 충성된 종이라고 칭찬해 주시면 하나님의 나라로 초대되고 영원한 성공자가 된다. 그러나 그때 하나님께서 모른다고 하시면, 우리 인생은 영원히 실패한다.

이러한 성공의 의미를 알면, 욕심을 부려서 많이 쌓아 놓는 것이 최고가 아님을 깨닫는다. 진정으로 성공하는 삶을 살려면, 탐욕의 그늘에서 벗어나야 한다. "탐내지 말아라"는 예수님의 명령에 순종하며 사는 것이 영원한 성공에의 길을 추구하는 것이다.

**다섯째, 감사하는 인생의 길을 알 때 탐심을 다스린다.** 이기적인 욕망과 탐심을 다스릴 때, 참으로 인간답게 살아간다. 어떤 상황 속에서도 자족하며 살아가는 것이 진정한 행복을 맛볼 수 있다. 텍사스 주 오스틴에서 철학교수로 있는 존 클레이풀(John Claypool) 박사의 간증이다. 그는 대학교에 다닐

때 철학도로서 이론에 강하고 아는 것이 많아 모든 사람이 인정해 주는 수재였다. 어느 날 그는 친구 집에 가서 친구의 여동생을 보았다. 19세의 소녀는 모든 것이 완벽했는데 두 팔과 두 다리가 없었다. 그녀는 출생 시부터 기형아였다. 소녀는 특히 아름다움에 대한 정서가 발달하여 음악, 미술, 문학 등을 좋아했다. 클레이풀은 그녀에게 참고 있었던 질문을 하였다. "내가 당신의 처지였다면 도저히 살 지 못할 것 같은데 무엇이 당신을 미소 짓고 신나게 하며, 명랑하게 만드는 것입니까?" 소녀는 눈을 반짝이며 말했다. "누구나 가지지 못한 것이 있죠. 나의 경우는 팔과 다리입니다. 그러나 가진 것이 너무나 많아요. 맛볼 수 있고, 음악을 들을 수 있고, 세계 명작을 읽으며, 친구들과 가족의 사랑이 있고, 무엇보다도 나는 예수님을 알게 되어 천국이 내 마음속에 있습니다. 이 만큼 보물들을 가졌는데 내가 왜 슬퍼해야 합니까?"

클레이풀 교수는 그 날 하루의 체험이 철학과에서 배운 2년의 공부보다 더 귀중한 진리를 배우게 했다고 술회하였다. 기형아 소녀는 22세에 죽었다 한다. 그러나 그녀는 예수의 진리, 평화의 복음을 깨닫고 그 마음속에 천국을 소유하고 있었기에 행복하였다. 하나님께서는 우리 인생들이 참으로 감사하면서 행복하게 살기를 원하신다. 그러기에 열 번째 계명을 주셨다. 네 이웃의 소유, 네 이웃이 가진 것을 탐내지 말라고 명령하셨다.

행복의 길은 더 많이 소유하는 것에 있지 않다. 사람이 사람다운 것, 인생의 목적을 알고 하나님께서 주신 선물을 감사하면서 영원한 성공을 추구해 갈 때, 인간은 탐심을 다스릴 수 있다. 그래야 진정한 감사와 행복을 찾을 수 있다. 하나님께서는 인간을 향하여 말씀하신다. "이웃의 아내를 탐내지 못한다. 이웃의 집이나 밭이나, 남종이나 여종이나 소나 나귀나 할 것 없이, 너희 이웃의 소유는 어떤 것도 탐내지 못한다."(신 5:21).

# 4. 인간이 추구하는 행복한 삶의 모습은 무엇인가?

## 인간행복의 의미

현대사회의 핵심어는 행복이다. 행복생활, 행복기업, 행복도시, 웰빙상품, 행복식품 등 행복에 대한 광고가 한창이다. 행복에 대한 서적이 베스트셀러가 되고 있다. 행복을 주된 가치로 하는 국가, 지방자치단체, 기업도 많다. 한국은 과거 50년 동안에 개인소득은 100배 이상 증가하였다. 하지만, 이혼율, 자살률 및 직장인의 스트레스 강도는 OECD 국가 중 하위권이다.

인간은 행복한 삶을 향하여 매진한다. 삶은 생명이 태어나서 죽기 전까지의 상태이다. 즉 삶은 사는 일 또는 살아 있음을 뜻한다. 인간은 삶속에서 근본적으로 행복과 건강을 추구한다. 과연 행복이 무엇인지에 대하여 명확하게 말하지는 않는다. 사람들은 보통 '가족의 화목', '사회적 성공', '부자 되는 것', '가족 건강'이 행복이라고 대답한다. 인간의 행복에 대하여 철학자와 종교인도 많은 이야기를 한다. 사전에서 '행복은 생활에서 충분한 만족과 기쁨을 느끼는 흐뭇한 상태'라고 정의한다. 동서고금을 막론하고 긍정심리학에서는 행복을 과학적으로 탐구하였다. 그 결과, 행복은 즐거운 삶, 펼치는 삶, 의미있는 삶으로 구성된 것을 알았다.

즐거운 삶은 삶에서 즐거움과 기쁨을 충분히 음미하고 만끽하며 사는 것이다. 불안하고 초조한 상태로 스트레스를 느끼는 삶은 결코 행복하지 못하다. 펼치는 삶은 자기실현으로 자신의 잠재력과 가능성을 삶 속에서 충분히 펼치는 것이다. 자연계에서 씨앗은 아름다운 꽃과 살찐 열매로 자신의 가능성을 펼쳐 보인다. 인간도 소중히 여기는 활동에서 최선을 다하는 열정과 노력이 필요하다. 의미있는 삶은 다른 것과의 관계 속에서 발견할 수 있는 것이다. 생명의 불꽃은 세상을 밝히고 다른 존재에 온기를 불어넣을 때 의미와 가치를 지닌다. 즉 가족, 직장, 사회, 국가 또는 하나님과의 관계 속에서 헌신한다는 믿음은 삶을 가치있고 의미 있게 만든다.

## 인간행복의 모습

사람마다 꿈꾸는 행복의 모습은 다르며 행복에도 정확한 정답은 없다. 그러나 인간은 삶이 즐거워야 열심히 일하고,

이로써 가족과 직장에 기여한다. 가족과 직장을 위해 소중한 존재라고 인식할 때 보람을 느끼고 더욱 즐거운 삶을 영위한다. 행복한 삶을 살기는 쉽지 않지만, 보이고 실천하는 것이 무척 중요하다. 인간은 누구나 자신에게 주어진 소중한 삶을 잘 살고 싶다. 바꾸어 말하면 행복하면서 뜻있게 살고 싶다. 그런데 과연 어떻게 사는 것이 행복하게 사는 것일까? 사람들이 바라는 행복한 삶의 모습은 같지 않다. 똑같이 행복하게 살기 원하면서도, 그것이 구체적으로 어떠한 삶을 의미하는지는 사람마다 다르다. 어떤 사람은 돈을 많이 벌어 풍족하게 살기를 원한다. 다른 사람은 뛰어난 학문적 업적을 쌓아 명예를 얻고 싶다. 그러므로 누구나 행복한 삶을 원한다 하여도, 실제로 머릿속에 그리는 삶의 모습이 무엇이냐가 문제이다.

많은 사람에게는 어느 정도 공통적인 행복의 조건이 있다. 공통적인 내용들은 얼마만큼의 물질적 충족과 자유로운 활동이나 정신적 안락이다. 그러나 행복은 객관적인 조건에 좌우되기보다 주관적인 마음의 상태이다. 비슷한 조건과 상황에 놓였으면서도, 행복 및 불행의 방향과 느끼는 정도가 얼마든지 다르다. 비슷한 가정환경에서 성장한 두 소년 중 한 사람은 자신의 처지에 만족하고 행복감에 젖어 있다. 다른 한 사람은 보다 나은 형편의 친구를 부러워하며 불만을 품고 불행하다고 느낀다. 또한, 어떤 청빈한 공무원이 스스로의 직책에 만족하고 충실하게 생활한다. 비슷한 상황에 부닥친 다른 동료는 박봉을 한탄하며 직장을 옮기려고 한다. 이러한 차이는 행복관, 넓은 의미로 인생관의 문제일 것이다. 결국 바람직한 관점에서 행복한 삶의 조건을 찾고, 그것을 이루기에 힘쓰는 일이 중요하다.

## 행복한 삶의 조건

행복의 조건이나 기준은 시대, 사회 및 사람에 따라 다르다. 그것은 대략 물질적인 쾌락과 정신적인 안락, 또는 외면적인 성공과 내면적인 만족으로 나누어 생각한다. 사회·문화적인 배경과 개인 성향에 따라 어느 쪽에 무게를 두느냐의 차이가 발생한다. 동양사회에서 정신적 내면세계를 중시한다. 특히 청빈을 미덕으로 여긴 것은 극단적인 측면이다. 서양 사회가 물질적 외면 측면을 강조하고 심지어 쾌락에 빠져 드는 모습은 다른 측면으로 극단적이다. 양 측면은 서로 대조적이면서도 반드시 배타적이라고 보기는 어렵다. 보통 정신적인 가치를 중시하는 사람이 물질적인 탐욕을 경멸하면서도, 어느 정도의 물질적 충족을 배격하는 것은 아니다. 실제로 이 양면은 상반되기보다 자연스럽게 밀접히 관련되어 있다. 물질적 풍요나 외면적 성공이 정신적 만족을 가져올 수 있다. 중요한 사항은 양 측면의 적절한 배분과 조화를 도모하는 것이다. 그런데 여기서 강조되어야 할 것은 행복은 윤리적 개념이다.

우리가 추구하는 행복의 조건은 도덕적으로 건전해야 한다. 도덕적으로 불건전한 조건이 행복을 뒷받침할 수는 없다. 물질적 풍요가 행복한 삶을 위한 필요한 조건이지만, 그것이

지나쳐서 사치와 낭비로 지탄의 대상이 되면 곤란하다. 행동의 자유는 누구나 원하는 바이지만, 그것이 빗나가 방종으로 비판받게 되면 난감하다. 우리의 양심이 살아 있고 사회 속에서 어울려 사는 한, 비도덕적인 행위로 행복감을 얻을 수는 없다. 각 개인의 행복관은 각자의 인생관, 또는 윤리관과 잘 통한다.

사람은 보통 성공적이고 행복한 삶의 조건을 돈, 권력, 명예, 건강 등에서 찾는다. 대부분의 사람들은 이것들을 삶의 목표로 삼고 전력투구한다. 이러한 조건들은 인간의 삶을 단순히 편리하게 하나, 행복한 삶의 진정한 조건은 아니다. 세상에는 실제로 돈, 권력, 명예와 건강을 다 가지고도 불행하게 사는 사람들이 많다. 위의 네 가지 조건이 하나도 없는 열악한 환경에서도 인간승리의 행복한 삶을 살아가는 위대한 많은 사람들이 있다. 행복한 삶의 조건은 세상을 사랑하는 마음과 참되고 선한 창조적이며 건설적인 일을 하고자 하는 의지이다. 이것은 삶의 환경에 관계없이 인간다운 즐겁고 행복한 삶을 만든다.

일은 매우 중요한 행복한 삶의 요소이다. 일이 없는 삶은 보람과 만족과 기쁨이 없는 무의미한 생활이다. 그런데 사람은 대부분 일에서 많은 고통과 스트레스를 받는다. 이것은 일을 사랑하며 즐기지 않기 때문이다. 일을 사랑하면, 능동적이고 효율적으로 일을 처리한다. 마음에 사랑을 가득 담고 무슨 일을 할 때 자기능력을 최대한 발휘한다. 일로 인한 고통과 스트레스를 적게 받고, 즐거움, 보람, 성취감, 만족감과 기쁨을 느낀다.

주어진 모든 삶의 환경을 행복한 삶을 위한 조건으로 받아들이는 것이 중요하다. 주어진 환경 안에서 창조적이고 건설적인 일을 수행하면, 삶의 환경 속에서 행복한 인생을 살아간다. 삶의 최대의 비전은 매일 행복한 생활을 영위하는 것이다. 어려운 환경에서도 절망과 좌절하지 않고 감사와 기쁜 마음으로 희망차고 행복한 삶을 살아가야 한다.

## 다시 생각하기 !

사람의 마음속에 있는 가장 뚜렷한 속성은 욕망이다. 인간은 욕망을 가지고 무엇을 갈망하며 살아간다. 사람의 인생에는 한계가 있지만, 욕망에는 그 끝이 없다. 과도한 욕망은 자신을 망치고 주변에도 피해를 준다. 인간의 욕구는 소비이며, 기본적으로 소비욕구 하에서 행동한다. 사회는 인간의 욕심때문에 근본적으로 불합리하고 부조리하다. 그러나 개인의 욕망을 잘 다스리고 사회질서를 준수하는 것이 중요하다. 인간의 탐욕은 하도 끝이 없다. 탐욕을 버려야 정당하게 자신에 만족하고 인간다운 삶을 살아간다.

탐욕으로부터 말미암은 나쁜 행동과 죄의 결과는 마음에서 나온다. 마음의 탐욕을 다스리지 않는 한 인간은 허무 또는 갈등에 빠진다. 탐욕을 관리해야 행복과 감사가 생긴다. 삶의 이유와 목적이 분명해야 탐욕을 다스릴 수 있다. 사람은 가진 것을 나눔으로서 행복을 찾는다. 사람의 행복이나 기쁨은 스스로 자족하는 마음에서 나온다. 진정한 성공과 감사한 인생의 길을 깨달을 때 탐심을 다스린다. 행복의 길은 더 많이 소유하는 것에 있지 않다. 사람이 사람다운 것, 인생의 목적을 알고 하나님께서 주신 선물을 감사하면서 영원한 성공을 추구해 갈 때, 인간은 탐심을 다스릴 수 있다. 그래야 진정한 감사와 행복을 찾을 수 있다.

인간은 행복한 삶을 위하여 매진하고 건강을 추구한다. 인간의 행복은 생활에서 충분한 만족과 기쁨을 느끼는 흐뭇한 상태이다. 사람마다 꿈꾸는 행복의 삶의 모습은 서로 다르다. 행복한 삶의 공통적인 조건은 얼마만큼의 물질적인 충족과 자유로운 활동이나 정신적 안락이다. 행복은 주관적인 마음의 상태가 강하다. 사람은 각자 바람직한 입장에서 행복한 삶의 조건을 찾는다. 사람이 추구하는 행복의 조건은 도덕적으로 건전해야 한다. 주어진 모든 삶의 환경을 행복한 삶을 위한 조건으로 받아들이는 것이 중요하다. 주어진 환경 안에서 창조적이고 건설적인 일을 하면, 삶 속에서 행복한 인생을 유지한다. 삶의 최대의 비전은 감사와 기쁜 마음으로 희망차고 행복한 삶을 살아가는 것이다.

# 제 3장

## 행복한 삶은 건강에 달려있다.

1. 건강이란 무슨 의미이며, 왜 소중한가?
2. 사람의 영·혼·육은 무슨 작용을 하며, 어떠한 기능을 가지고 있는가?
3. 한국에서 건강하지 못하여 얼마나 사망하는가?
4. 건강하지 못한 삶은 불행하지 않는가?

# 1. 건강이란 무슨 의미이며, 왜 소중한가?

## 건강의 개념과 소중함

인생에서 가장 소중한 것이 무엇이냐고 질문하면, 누구나 서슴없이 "건강"이라고 대답한다. "재산을 잃은 것은 조금 잃은 것이요, 명예를 잃은 것은 많이 잃은 것이요. 건강을 잃는 것은 모두 잃는 것이다".라는 금언이 있다. 부자 중에서 진정한 부자는 건강을 가진 사람이다. 자유는 모든 사람이 원하지만, 건강이 없이는 자유가 없다. 건강이 없이는 좋은 국민, 부모, 자녀, 형제 및 이웃이 될 수 없다. 그러므로 모든 사람이 건강을 원하고 있다. 인생에서 가장 어리석은 짓은 어떤 이익을 위하여 건강을 희생시키는 일이다. 소중한 건강이란 도대체 어떤 상태를 뜻하는 것이냐?를 아는 것이 필요하다. 오늘날 많은 사람이 건강에 대하여 아주 관심이 많다. 그러나 분명히 진정한 건강이 과연 어떤 것이냐?에 대하여 아는 사람은 적다.

건강이란 병들지 않고 언제나 앞을 향하는 자세로 활동할 수 있는 몸과 마음을 가지는 것이다. 건강이란 단순히 병이나 허약한 것이 없고 육체적, 정신적, 사회적으로 완전히 평안한 상태이다. 건강은 단순히 병이 없고 육체만 튼튼하면 되는 것이 아니다. 그렇지 않고 사람이 일을 해나가는 과정에서 육체적, 정신적, 사회적인 적응에서 불편함이 없는 상태이다. 아무리 신체가 튼튼해도 사람과의 올바른 관계가 없는 사람은 건강한 사람이 아니다. 육체는 정신적, 사회적인 활동에서 불편이 없으면 되는 것이다. 건강인은 각자의 직분에 맞도록 육체와 정신이 적응되어 나가는 사람이다. 육체와 정신이 건강하면 사회에서 인간관계도 자연히 원만해지며 우리가 찾는 건강인의 모습이 된다. 올바른 건강관은 올바른 건강법을 찾아 실천하는 데 필요하다. 건강과 생명은 각자의 일에 보람을 느끼면서 부지런하게 규칙적으로 검소하게 살아가면 저절로 유지할 수 있다. 특히 올바른 생활을 열심히 하면 건강이 주어진다는 믿음이 있는 인생은 건전하고 발전한다.

건강의 개념

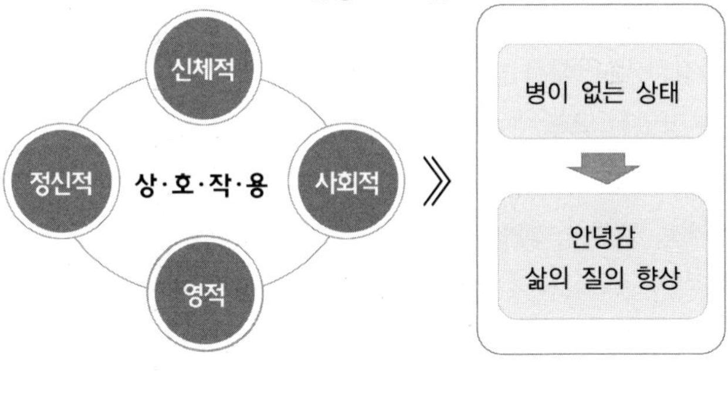


자료: WHO (세계보건기구)

## 건강, 생활과 치료

사람은 스스로 태어나고 싶어서 태어나는 것도 아니다. 병들고 늙어서 사망하는 것도 사람의 뜻에 의해서가 아니다. 인생에서 생로병사를 그대로 받아들이지 않으려고 욕심을 내면, 고민이 쌓여서 병이 생긴다. 인간은 절대적인 기아상태도 문제지만, 하루 세 번 식사를 하면서도 과식하는 것도 문제이다. 그래서 무엇을 먹으면 건강할까?, 무슨 보약을 먹으면 정력이 좋아져서 불로장생할 수 있을까? 하는 허황되게 생각하는 것도 잘못이다.

사람은 무엇인가를 추구하기 때문에 살아서 활동한다. 올바른 것을 구하지 못하여 허덕이다가 올바른 인생도 없고 진정한 건강도 없다. 사람은 자기의 내적인 감각이 맑아지면 몸과 마음이 자기를 어느 정도 조절한다. 과식, 과음 및 과색을 다소 자제할 수 있는 능력이 있으면 신통력이 있다고 생각한다.

건강하기 위해서는 무엇보다도 먼저 인생이 무상함을 깨닫고 부질없는 욕망에 너무 집착해서는 안 된다. 아인슈타인은 "과학이 없는 종교는 장님이며 종교가 없는 과학은 절름발이다."라고 말했다. 과학적 근거가 없는 건강 및 치료법도 의심스럽지만 100퍼센트 과학적 건강법이나 치료법도 지겨운 것이다. 사람은 육체적이며 정신적 존재이기 때문에 물질법칙만으로 해결되지 않는다. 생명현상에 대서는 과학만으로 해결되지 않는 부분이 있다. 생명은 과학이전의 존재이기 때문에 동물들은 모두 저절로 나서 자라고 있다는 것을 알 필요가 있다. 그런데 유독 사람만이 자기 욕심대로 자연을 왜곡시켜서 자연섭리가 아닌 인공적인 생활을 하는 데 문제가 있다.

현대인은 과학, 생명이나 건강에 대해서도 과신한다. 그래서 자연의 신비를 무시하여 모든 병이 생기고 수명을 다하지 못하고 죽어간다. 생명과 건강은 오르지 인간의 힘에 의하여 지탱되는 것으로 생각하고, 신과 자연의 섭리를 망각한다. 그래서 현대인은 모두 생명과 건강에 대하여 불안감을 지니고 있다. 병은 어떤 사소한 것이라도 전인적으로 치료되어야 한다.

## 2. 사람 영 · 혼 · 육은 무슨 역할을 하며, 어떠한 기능을 가지고 있는가?

### 사람의 구성요소와 외모 열풍

사람은 육(flesh), 혼(soul) 및 영(spirit)으로 구성되어 있다. 육은 육체 또는 신체이며, 구체적인 물체로서 사람의 몸이다. 인간의 육은 썩어지고 없어지는 모든 것을 말한다. 육체는 인간의 혼과 영을 담는 물리적 그릇이다. 현대인은 아름답고 건강한 몸을 가지려는 강박관념에 시달린다. 그들은 "어떤 몸을 가졌는가?"가 개인의 능력과 지위, 나아가 품성까지 규정하는 세상에 살고 있다. 그래서 "웰빙(well-being) 열풍이나 다이어트 중독, 건강 염려증, 성형 중독이 유행한다." 해도 전혀 이상하지 않다.

지금은 얼짱, 몸짱 등의 말이 모든 세대에게 친숙한 아름다운 육체가 자본이 되는 시대이다. 연예인의 쌩얼이나 학창시절 사진을 현재 모습과 비교하며, 타인의 육체에 대한 평가를 일상적으로 즐기는 희한한 풍토가 퍼져있다. 많은 젊은 여성과 국민은 다이어트와 운동을 해야 한다는 강박관념을 갖는다. 그러나 현재 그러지 못하고 있다는 죄책감에 시달린다. 외모에 대한 콤플렉스 때문에 사회생활에 어려움을 겪는다. 이를 극복하기 위해서 작게는 쌍꺼풀 수술부터 안면의 윤곽 교정, 지방흡입, 근육 퇴축술, 전신 성형까지도 두려움을 무릅쓰고 감행한다.

어떤 사람은 성형수술을 한 사람을 은연중에 비난한다. 그러면서 손봐야 될 부분이 있지는 않는가 자신의 얼굴이며 몸매를 꼼꼼히 뜯어본다. 이것은 결국 온 사회가 개인의 육체에 대해 과도한 관심을 갖기 때문이다. 사람은 누구나 몸의 건강에 대하여 관심이 제일 많다. 그래서 몸이 건강해야 마음이 건강하다고 생각한다. 사람의 생김새로 개인의 품성을 규정하고, 체력이 국력이라 믿는다. 오늘날 청년과 장년은 가능하다면 몸짱을 만들기 위해 노력한다. 이제는 권선징악이 아니라 권미(美)징추(醜)가 새로운 도덕률로 사회를 지배하는 특성이 강하다.

## 육의 개념과 역할

육체는 영혼을 담고 있는 하나의 물리적 그릇이다. 혼은 사고기능을 통하여 사람의 성품이나 성격, 판단 기준을 형성하고 마음 밭을 이룬다. 사람의 영과 혼은 서로 밀접하게 연결되어 있다. 오늘날 혼의 작용은 아담이 죄를 범하기 이전 혼의 작용과는 차이가 있다. 아담은 육의 존재가 아닌 생령 곧 살아 있는 영적인 존재였다. 그러므로 아담은 뼈와 살은 있었지만 썩지 않는 몸을 입었다. 영이 사람의 주인이 되고 혼은 영의 지시에 순종하였다. 그때도 혼은 기억하고 생각하였지만 영의 지시만 따랐고 악한 생각이 동원되지 않았다. 그런데 아담이 하나님의 말씀에 불순종하여 영이 죽게 되자 엄청난 변화가 일어났다. 생령이 죽은 영이 되자 아담은 혼과 육만 남은 육체의 사람이 되었다. 만물을 다스리고 지배하던 아담이 죄를 범해서 썩어질 육으로 돌아가자 산천초목도 함께 저주를 받아 썩어졌다.

## 혼의 개념과 기능

혼은 사람의 몸 안에서 몸과 정신을 다스린다는 비물질적인 요소로서 마음이나 정신을 의미한다. 마음은 사람이 본래부터 지닌 성격이나 품성이다. 마음은 사람이 다른 사람이나 사물에 대하여 감정이나 의지, 생각 따위를 느끼거나 일으키는 작용이나 태도이다. 또한 사람의 생각, 감정, 기억 따위가 생기거나 자리 잡는 공간이나 위치이다. 정신은 육체에 대립되는 영혼이나 마음이다. 정신은 사물을 느끼고 생각하며 판단하는 능력 또는 작용이다.

지구촌의 동물들도 오묘한 능력이 있다. 박쥐는 캄캄한 어둠 속에서도 레이더의 원리로 정확히 먹이를 찾아낸다. 놀라운 회귀 본능을 가진 연어, 수천 km를 여행하는 새들 그리고 1분에 수천 번이나 나무를 쪼아대는 딱따구리 등도 있다. 그러나 인간은 만물을 다스리도록 지음 받은 존재로서 영·혼·육으로 구성되어 있다. 인간은 외견상으로는 사자나 호랑이처럼 힘이 세거나 날렵한 것도, 시각이나 후각이 다른 동물들보다 뛰어나지 못하다.

그럼에도 불구하고 인간은 만물의 영장이다. 근본적으로 인간은 동물과는 달리 영을 갖고 있다. 이를 제외하고라도 인간에게는 뛰어난 두뇌 작용인 사고능력을 갖고 있다. 인간은 지능이 있어서 지금까지 과학 문명을 발달시키고 만물을 다스린다. 바로 이 분야가 영·혼·육 중에 혼과 관계되는 부문이다.

혼은 넋이나 얼의 동의어로 사람의 육체 속에서 정신 작용을 다스리고 있는 것으로 정신 혹은 마음이다. 사람의 머리에는 뇌세포가 있고 이 안에 기억장치가 있다. 컴퓨터로 보면, 컴퓨터 본체에 무엇을 입력시키면 기억하여 재생한다. 이같이 하나님은 기억장치를 만들어 넣어 인간을 창조하였다. 뇌세포를 하나의 그릇이라 가정하면, 생각은 이 그릇에 담긴 것들을 기억해 내는 것이다. 혼은 그릇과 내용물 그리고 생각하는 것을 통틀어 말한다. 혼은 사람이 보고 듣고 배운 것들을 느낌과 함께 뇌세포에 입력시키고 다시 기억해내는 것이다.

인간은 혼이 있어 기억하고 생각한다. 사람은 이 세상에 태어나 자라면서 보고 듣고 느낀 것들이 입력된다. 예를 들면 언어, 글, 행동 및 사회 규범, 그 밖의 사람들이 살아가는 데 필요하다. 사람은 나이가 들면서 뇌세포가 파괴되면 기억력도 희미해진다. 혼이 얼마나 입력되는 자료들을 수용하느냐에 따라 사람마다 기억력이나 지능에 차이가 난다. 이러한 능력의 차이를 지능지수(I.Q.)로 평가한다. 아이큐는 부모로부터 물려받은 유전인자에 따라 다르며, 학습, 경험 등의 후천적 상황으로도 형성된다. 컴퓨터 용량에 따라 성능이 다른 것처럼 사람마다 아이큐에 차이가 있다. 같은 노력을 해도 똑같은 성과가 나는 것은 아니다.

아이큐도 계속 노력하면 좋아진다. 사람에게는 평균 100억개 이상의 뇌 세포가 있다. 이중 5%를 사용하면 천재이고, 대부분의 사람들은 뇌세포 중 3% 정도 사용한다. 똑같은 아이큐를 갖고 태어났어도 노력에 따라 머리가 좋아진다. 여기에 생각을 통해서가 아니라, 영으로써 마음에 심어 나가는 방법으로 공부하게 되면 뛰어난 사람이 된다.

## 영의 개념과 기능

아담이 범죄 한 이후, 혼은 영이 죽고 하나님과의 교통이 끊어지자 혼이 주인 행세를 하였다. 어둠의 주관자인 사단은 바로 이 혼을 통제한다. 사단은 하나님을 대적하며 사람의 혼 곧 생각을 통해 진리와 위배되는 것을 심어나갔다. 예를 들어, 누가 나를 때리면 사단은 '너도 같이 때리는 것이 옳다' 혹은 '너는 자존심도 없니?' 하는 생각을 불어넣는다.

아이들이 태어나서 성장과정을 보면 이러한 사실을 잘 안다. 갓난아이 때는 본능적으로 행동하고 선과 악이 무엇인지 모른다. 자라면서 혼의 작용을 받는 만큼 생각을 통해 세상에서 비진리와 악을 배운다. 악을 받는 정도는 마음과 환경에 따라 다르다. 그러나 사단은 계속해서 생각을 통해 진리와 반대되는 것들을 주입하며 마음에 쌓는다. 사람들의 마음 밭은 자연히 나쁘게 변해간다. 많은 세월 동안 비진리의 생각을 통해 악이 심어진 부모의 기를 받고 태어난다. 성장하면서 사단이 악한 마음을 심는다면 강퍅하고 나쁜 마음이 생긴다. 또한 혼의 작용을 통해 비진리가 마음에 쌓인다. 이것이 사람의 판단기준과 가치관이 되면서 자기 보기에 옳은 대로 죄를 범한다.

생각하는 혼이 작용하기 위해서는 생각을 담는 그릇 곧 두뇌가 필요하다. 생명을 건진다 해도 뇌손상으로 인해 기억상실증에 걸리는 경우가 있다. 이때에 먹고 자고 느낄 수는 있어도 예전과는 전혀 다른 사람이 된다. 우리가 천국에 갈 때는 영과 혼이 동반한다. 혼은 영에 속한 것으로 진리에 속한 혼을 말한다. 기억상실증 환자가 죽어 천국에 간다면 하나님의 능력으로 기억력을 회복한다. 하나님은 파괴된 부분을 재생시켜 다시 혼의 작용을 온전하게 만든다.

영은 매우 신령스럽고 정신이나 영감을 통하여 작용한다. 영은 육체에 깃들여 마음의 작용을 맡고 생명을 부여하는 비물질적 초자연적인 실체이다. 기독교에서는 영은 눈에 보이지 않는 4차원의 세계에 속한다. 영은 죽거나 썩지 않고 변함이 없는 영원한 것으로 생명과 진리자체이다. 하나님은 사람을 창조하실 때, 그 코에 생기를 불어넣으심으로 생령을 만드셨다. 그런데 아담이 죄를 범하여 생령이 죽어서 불신자는 영이 없는 것과 같다. 아담이 불순종의 죄를 범함으로 영이 죽게 되자 죄가 들어왔다. 이제는 선과 악이 무엇인지 느끼게 되고 상대성이 생기게 되었다. 육체의 사람으로 타락함으로 4차원의 세계에서 3차원의 세계로 쫓겨났다. 영이 죽어 하나님과의 교통이 끊어져 육의 공간에 산 아담은 그때부터 혼을 주관하는 사단을 통해 마음에 비진리를 받았다. 하나님의 진리를 점차 잃게 되어 인간의 마음에는 진리와 비진리가 뒤섞였다. 범죄 이후, 사단을 통해 악이 입력되어 들어옴으로 선과 악 및 의와 불의가 공존하였다. 사람은 선과 악 중에 무엇을 선택할지 자유 의지를 통해 행동한다.

사람은 양심을 가지고 살아간다. 양심은 사물의 가치를 변별하고 자기의 행위에 대하여 옳고 그름과 선과 악의 판단을 내리는 도덕적 의식이다. 인간은 양심에 따라 선과 악을 구별하여 선한 혹은 악한 행동을 한다. 양심은 하나님의 기준에서 항상 옳은 것은 아니다. 사람마다 양심은 성장한 환경, 경험한 내용 및 교육자의 성격에 따라 각각 다르다. 만약 선하고 착한 부모에게서 오직 진리와 선만 배워왔다면 그 자녀는 선하고 착한 사람이 된다. 부모가 선한 내용만 가르친다 해도 자녀는 이웃과 친구 등 여러 사람의 영향을 받기 때문에 마음에 악이 심어진다. 이와 같이 아담이 범죄한 이후 사람의 마음과 양심은 이전과는 전혀 다르다. 선과 진리로 구성된 영이 아닌 사단이 주관하는 혼의 지배를 받는 마음과 양심이 되어버린 것이다.

영은 불변하고 영원하며 참이며 진리이다. 반대로 영이 아닌 것은 썩어지고 죽어지며, 죽은 영은 결국 사망인 지옥으로 간다. 여기서 사람의 영이 왜 중요한가를 깨닫는다. 하나님은 사람의 죽은 영을 다시 살리기 위해 독생자 예수 그리스도를 이 땅에 보내셨다. 말씀이 육신이 되어 이 땅에 오신 예수님은 진리의 말씀을 가르치고 영생의 길을 열어 놓았다. 누구든지 진리의 말씀을 듣고 예수님을 구주로 영접하면 우리 안에 성령이 선물로 주어진다. 성령은 우리의 죽은 영을 다시 살려 영원한 천국에 가도록 인도한다. 즉 길, 진리, 생명 되신 예수 그리스도를 구주로 믿을 때만이 인간의 영은 다시 살아나 영생을 얻는다.

# 3. 한국에서 건강하지 못하여 얼마나 사망하는가?

## 한국인의 사망원인

국내 한국인의 중요한 사망원인이 암, 뇌혈관질환, 심장질환, 자살 순으로 조사되었다. 2008년 기준 한국인 사망률 1위 암은 인구 10만명당 139.5명에 달했다. 인구 10만 명당 암 사망자는 폐암(29.9명), 간암(22.9명), 위암(20.9명), 대장암(13.9명),

췌장암(7.6명), 유방암(3.5명), 백혈병(3.1명), 식도암(2.8명) 순이었다. 1998년 암의 종류별 사망률 1위였던 위암은 10년 동안 2.9명 감소하여 2008년 3위로 떨어졌다. 반면 폐암은 9.4명 증가해 암의 종류별 사망률 1위로 올라섰다. 사람의 육신과 정신이 건강하지 못하여 발생하는 사망자가 한국에서 계속 증가하고 있다.

한국인에게 암 발생이 증가하는 데는 몇 가지 요인이 작용한다. 사회경제적 수준의 발전으로 생활수준의 향상 및 환경위생 상태의 개선이 평균수명을 연장해 노령인구의 구성비가 증가하여 암 연령인구의 수적 증대를 가져왔다. 한편, 의학의 양적 및 질적인 발전은 감염성 질환의 이환 및 사망을 감소시키고 암 종류의 상대적 중요성을 증대시킨다. 무엇보다도 중요한 사항은 암 유발 촉진환경의 등장에 의한 암 발생 자체의 증가이다.

대기오염 등 생활 및 작업환경의 변화는 새로운 발암 유해환경을 인위적으로 조성하여 암 발생의 절대적 증가를 가져온다. 생활수준의 질적 향상과 소비 풍조의 만연에 의해 야기되는 개인 습관(식생활 습관, 음주 및 흡연 습관, 성생활 습관 등)의 변화도 직접적인 증가요인이 된다. 유방암의 경우를 보면, 현대의 여성들은 생활수준의 질적 향상과 소비풍조의 만연에 따라 사춘기 시절부터 비만해지거나 혹은 흡연·음주를 즐기게 된다. 또한, 전통적 가치관의 퇴조에 따라 여성의 만혼 현상, 임신 및 수유의 기피성향 그리고 독신주의의 팽배현상 등이 수반되면서 한국 여성인구에서 유방암 발생이 증가하게 된다.

2008년 인구 10만 명당 사망률을 보면 뇌혈관질환은 56.5명, 심장질환은 43.4명, 자살은 26.0명 등으로 나타났다. 뇌혈관질환은 인구 10만 명당 1998년 73.6명에서 2008년 56.5명으로 크게 줄었다. 2008년 10대 사인은 총사망자의 70.9%를 점유했으며, 전년대비 자살과 폐렴사망률(15.2%)은 늘고 뇌혈관 질환(-0.8%)과 당뇨병 사망률(-5.1%)은 감소했다.

◩ 사망원인 순위 추이 ◪

| 순위 | 1998(%) | | 2008(%) | | |
|---|---|---|---|---|---|
| | 원인 | 사망률 | 원인 | 구성비 | 사망률 |
| 1 | 암 | 108.6 | 암 | 28.0 | 139.5 |
| 2 | 뇌혈관질환 | 73.6 | 뇌혈관 질환 | 11.3 | 56.5 |
| 3 | 심장질환 | 38.4 | 심장질환 | 8.7 | 43.4 |
| 4 | 운수사고 | 25.6 | 자살 | 5.2 | 26.0 |
| 5 | 간질환 | 24.6 | 당뇨병 | 4.2 | 20.7 |
| 6 | 당뇨병 | 21.0 | 만성하기도 질환 | 3.0 | 14.9 |
| 7 | 자살 | 18.4 | 운수사고 | 3.0 | 14.7 |
| 8 | 만성하기도 질환 | 12.7 | 간질환 | 2.9 | 14.5 |
| 9 | 고혈압성 질환 | 8.4 | 폐렴 | 2.2 | 11.1 |
| 10 | 호흡기 결핵 | 7.1 | 고혈압성 질환 | 1.9 | 9.6 |

자료: 통계청

## 한국인의 정신건강

자살로 인한 사망자가 10년 전과 비교했을 때 크게 증가하였다. 자살 사망자는 인구 10만 명당 1998년 18.4명으로 7위였으나 2008년에는 26.0명으로 3계단 뛰어올라 4위로 올라섰다. 자살률은 19.3%, 자살사망자수는 1만 5,413명으로 전년대비 2,555명 증가했고, 1일 평균 42.2명으로 34분에 1명꼴이었다. 자살률은 90년대 초반 이후 증가하다가 1998년을 기점으로 감소했으나 2000년 이후 증가추세다. 2008년 통계에 따르면 10대부터 30대까지 사망한 이들의 사망원인 1순위가 자살이다. OECD가 2006년도 자료를 바탕으로 회원국들의 자살률을 조사해 2010년 발표한 통계에 따르면 한국의 자살률은 OECD 국가 중 1위(21.5명)다. OECD 평균인 11.1명보다 거의 2배 더 높은 수치다. 2008년 기준으로 1인당 GDP가 한국보다 1,000 달러쯤 높은 그리스는 2.9명이었고, 한국과 마찬가지로 2만7,000 달러 수준인 뉴질랜드는 12.2명이었다.

국내에서 자살, 알코올 중독, 우울증 환자가 급격히 증가하는 등 국민들의 정신건강 문제가 심각한 수준이다. 국내 자살률은 10년 간 41.3% 증가했고 알코올 정신질환자는 5년간 44.9%, 우울증 및 조울증 등 기분장애는 47.6% 증가하였다. 종류별로 살펴보면 자살에 의한 전체 사망률은 2008년 인구 10만명당 26.0명으로 1998년 18.4명에 비해 7.6명(41.3%) 증가했다. 이중 여성 자살 사망률은 1998년 10.3명에서 2008년 18.7명으로 81.6% 증가해 증가폭이 매우 큰 것으로 나타났다.

알코올 정신질환자의 경우 2001년 4만1,385명에서 2006년 5만9,979명으로 44.9% 증가했으며 우울증 및 조울증 등 정동성(기분) 장애는 2001년 43만1,507명에서 63만8,115명으로 47.6% 증가했다. 특히 기분 장애의 경우 전 연령층에서 여성환자수가 2배 이상 높았고, 20대 여성환자 수가 2001년 1000명 당 6.5명에서 2006년 11.2명으로 72.6% 급증했다. 이러한 환자 급증은 가족해체, 인적 관계 단절로 휴먼 네트워크의 기반상실이 그만큼 심각해졌다는 것을 반영하는 것이다. 적절한 스트레스 해소법을 찾지 못해 알코올 중독자와 도박 중독자가 급증한다. 여성과 젊은 층 뿐만 아니라 저소득층, 노인, 장애인, 청소년에 대한 정신건강정책을 강화할 필요가 있다.

## 4. 건강하지 못한 삶은 불행하지 않는가?

### 행복한 삶과 피로

인간은 근본적으로 행복한 생활을 원한다. 행복한 삶은 생활에서 충분한 만족과 기쁨을 누리며 사는 것이다. 바꾸어 말하면 행복하면서 뜻있게 살고 싶어한다. 그런데 사람들이 바라는 행복한 삶의 모습은 같지 않다. 누구나 행복한 삶을 원한다 하여도, 실제로 머리 속에 그리는 삶의 모습이 무엇이냐가 문제이다. 보통 많은 사람은 몸과 마음이 건강하면 행복하다고 생각한다. 무엇보다도 신체적인 건강과 정신적인 평안이 행복한 삶의 기본이다. 그러나 몸과 마음에 피로가 쌓이고 건강하지 못하면 불행하다.

피로는 과로로 정신이나 몸이 지친 상태이다. 즉 지치고 피곤하여 힘을 쓰거나 일을 수행할 수 없음을 느끼는 상태이다. 과로는 몸이 고달플 정도로 지나치게 일하는 것이다. 또는 그로 말미암은 지나친 피로이다. 현대인은 과로로 피곤하고 지쳐서 쓰러진다. 심지어는 과로로 병을 얻는 직장인이 많다. 피로가 쌓이고 회복하지 못하면 몸과 마음의 건강은 나빠진다. 피로한 느낌은 근육사용으로 인해 에너지가 고갈되어 초래될 수도 있다. 또한 통증·불안·공포 또는 싫증으로부터 생긴다. 후자의 경우 보통 근육의 기능은 손상되지 않는다. 피로는 자신의 느낌을 묘사하는 가운데 표출되는 내적 상태 및 관찰할 수 있는 신체적 변화와 관련 된다. 노폐물이 높은 농도로 존재하는 신체상태가 곧 피로이다. 작업이나 운동경기 중 지나치게 힘을 많이 사용하면 신체가 무척 피로하다. 피로의 느낌과 징후들은 갑자기 나타나고 사라진다. 힘을 사용하지 않은 상황에서 피로를 느끼는 심리적 또는 우발적인 경우도 있다.

사람은 어떠한 상황에서도 1가지 이상의 방식과 여러 단계가 복합된 복잡한 행동으로 대응한다. 쉽게 관찰하는 방식은 대체로 물리적·화학적인 것이다. 이것은 감각과 같은 낮은 수준의 반응 및 지각 같은 높은 수준의 반응의 토대가 된다. 인간은 신체 내에서 이용 가능한 에너지가 고갈되어 가면, 자기 판단으로 활동을 중단할 수 있다. 이러한 변화는 심리적인 요소에서 비롯되며 물리적·활동적 상태와 무관한 정신적 요소에 기인한다. 따라서 피로는 물리적 및 정신적(심리적) 요소를 모두 고려하여 정의한다.

피로에는 개인의 불쾌감이나 혐오감, 실수를 하고 있다는 내적 인식, 일을 수행하려는 노력이 눈에 띄게 변화하는 것 등도 포함된다. 피로는 전체로서의 개인에 관계된 것과 개인의 특정 부분이나 기관만이 관계된 것을 구분할 필요가 있다. 전체 행동을 인격적 또는 심리적이라고 말하는 것은 단순한 피로에 대한 내적인 느낌 때문이 아니다. 그 수준에서는 신체의 어느 한 부분이 제한을 받는 차원이 아닌 그야말로 행동의 '끝'을 의미한다. 이것은 근육활동의 간단한 예로 쉽게 설명된다. 대개 피로는 육안으로 관찰할 수 있는 활동의 결과인 경우가 많다. 뚜렷한 근육의 무리 없이도 생길 수 있다. 예를 들면 내키지 않는 잔소리가 심한 상사에 대한 즉각적인 반응으로서 피로가 생긴다. 생산 작업을 하지 않은 상태에서 느끼는 피로감도 기본적으로 노동에 의한 피로와 같다. 그러나 후자의 경우에는 근육통이 수반되고 전자에는 그렇지 않은 것처럼 일부 요소는 차이를 보일 수 있다.

근육을 사용하는 것은 심장이나 뇌와 같은 조직의 사용과는 달리 복잡한 생화학적 변화를 초래한다. 그 결과 거의 대부분 근육의 경직 등 2차적인 결과가 나타난다. 이것은 다시 통증과 불쾌감 같은 더 높은 수준의 결과를 유발한다. 높은 수준에서는 진행 중인 일이나 활동에 대한 태도에 변화가 생길 수도 있다. 예를 들면 노동에 대해 혐오를 느낄 수도 있다. 실제로 작업과정에서 사람은 수행하는 자신의 능력에 대해 스스로 평가한다. 큰 통증을 초래하거나, 심지어 더 이상 일하기 힘들다는 생각 하에서 일을 계속한다면 작업결과는 매우 비효율이다.

개인적 피로라고 정의되는 혐오스럽고 비관적인 자기평가의 징후가 없는데도 불구하고 작업능력이 저하될 수도 있다. 종종 모르는 사이에 피로해질 수도 있는데, 이것은 하위요소가 우세하게 작용하는 것이다. 이러한 요소들은 장애라는 용어로 표현하며 세포에서 일어나는 화학적 변화이다. 회복이 가능한 변화로는 알코올중독과 산소부족 등이 있다. 일시적 장애가 뇌에 큰 영향을 주지 않은 채 활동을 저해시킬 때 사람은 피곤과 쇠약감을 느낀다. 일시적·생리적 장애와 개인적 피로는 밀접히 연관되어 있다. 뇌가 영향을 받아 지각 및 태도에 대한 인식능력이 저하되면, 피로감 없이도 행동에 뚜렷한 영향을 미친다.

## 건강과 질병

건강은 정신적으로나 육체적으로 아무 탈이 없고 튼튼한 상태이다. 건강은 사람이 주위 환경에 계속적으로 잘 대처해 나갈 수 있는 신체적, 감정적, 정신적, 사회적 능력의 정도이다. 사람은 보통 자신이 살아가는 일상적인 환경에는 잘 적응한다. 하지만 남보다 허약한 사람은 심한 눈보라 뒤에 쌓인 눈을 치우다 심장마비를 일으킬 수도 있다. 낮은 지대에 살다가 대기 속에 산소가 적은 높은 산악지대로 이동하는 경우도 있다. 그 뒤에 적혈구 수가 고도에 적응하여 늘어나기 전까지는 숨이 차고 빈혈이 생겨 고통을 받는다. 건강이 나쁘다는 것은 만성적인 질병이 있다는 것이다. 그러나 갑자기 배 멀미를 하는 사람을 보고 건강이 나쁘다고할 수 없다. 오후나 저녁에는 이상이 없다가 매일 아침만 되면 구역질을 하는 임산부도 건강이 나쁘다고 할 수 없다.

실제로 건강과 질병 차이를 설명하기 위해 다음 몇 가지 예를 들어본다.

① 식사 후 15~20분 뒤에 혈당치가 높은 것은 생리적으로 정상이다. 그러나 2시간이 지난 뒤에도 여전히 높으면 비정상이며 질병이 있다.

② 건강한 사람도 어릴 때 특정물질에 대하여 알레르기 반응을 나타낸 경험이 있다. 그 뒤 항원에 접촉하지 않고 다른 모든 것도 정상이라면 그 사람은 건강하다. 그러나 그 알레르기와 다시 접촉하게 되면 20년이나 30년 뒤에도 단순히 두드러기가 생기는 정도에서 심하면 쇼크나 혼수상태에 빠져 사망할 수 있다.

③ 겉으로는 건강해 보여도 상대적으로 많은 양의 술을 마셔 혈중 알코올 농도가 어느 수준 이상 도달하면 행동의 변화를 보이는 중독 상태가 된다. 다음날 아침까지는 그 사람을 건강하다고 할 수 없다. 자주 중독 상태에 빠지거나 매일 술을 많이 마시면 건강은 좋은 상태에서 나쁜 상태로 점차 바뀐다.

더욱이 신체 상태와 건강은 같은 의미가 아니다. 키가 230cm나 되는 농구선수는 신체 조건은 뛰어나다. 하지만 그가 독감에 걸렸느냐 그렇지 않느냐에 따라 건강여부를 판단한다. 한쪽 팔이 없는 체육교사나 색맹인 스케이트 선수, 선천적으로 눈이 먼 피아니스트는 비록 건강은 좋을지 몰라도 신체적으로 좋은 상태는 아니다.

## 정신질환의 피해

건강이라고 하면 흔히 신체적인 건강(Physical Health)을 생각한다. 그러나 정신적인 건강(Mental Health)이 좋지 않으면, 신체적 건강도 별 의미가 없다. 몸을 움직이는 정신이 병들게 되면, 그 몸이 제 기능을 다하기는 어렵기 때문이다. 신체적으로 이상이 없어도 행동양상을 보고 미루어 알 수 있는 사람의 정신상태가 건전하지 않다면 결코 건강하지 못하다. 이치에 맞게 잘 할 수 있으면 정신적으로 건강하다. 다른 사람들과 같은 행동양상을 보이는 것도 정신적으로 건강하다. 정신적인 건강은 이상적인 정신에 가까이 가는 것이다. 정신건강의 기준으로 시간 경과에 따른 행동의 변화를 중요시한다. 이처럼 건강이 좋고 나쁘고 하는 것은 평가 당시에 사람이 정상적으로 기능하는 능력과 질병 가능성에 대하여 측정하고 해석하여 평가한다.

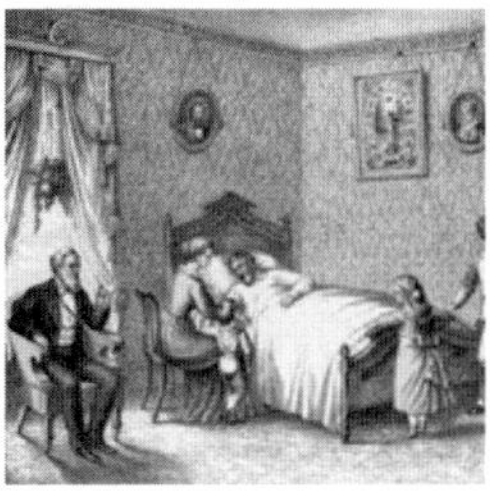

몇 년 전 KBS의 추적 60분은 '우울증의 공포' 편에서 심한 우울증을 겪다가 자신의 딸을 죽인 한 여성의 이야기를 소개했다. 그 여성은 우울증을 앓으면서 여러 번 자살을 시도했

다. 몇 번의 실패 끝에 '딸을 죽이면 나도 사형되어 이 고통이 끝날 것'이라고 생각하여 범행을 저질렀다. 심각한 수준의 정신질환(Mental Disorder)은 자기 자신은 물론 가정, 직장, 사회 등 주변까지도 파괴한다. 한 조사를 보면, 정신질환이 사회 전체에 미치는 비용 손실은 암보다도 크다고 한다. 이는 정신질환 탓에 간접적으로 소요되는 사회·경제적인 비용이 다른 어떤 질병보다도 크기 때문이다. 세계보건기구(WHO)는 정신질환의 간접비용은 직접적인 치료비의 6~7배에 달한다고 지적했다. 결국, 빠르고도 적절한 정신건강을 개선하기 위한 대처가 미흡할 경우, 사회의 지속적인 성장은 상당히 어렵다. 그래서 미국, 유럽 등 여러 선진국이 자국의 정신건강 함양을 위한 다양한 프로그램을 시행하고 있다. 최근 미국의 버락 오바마 대통령은 "정신질환은 심각한 사회적 문제"라며 신체건강에 못지않게 정신건강에 대한 국가 차원의 관리를 보다 강화하겠다고 말했다.

한국에서도 정신질환, 자살 등이 증가하고 있다. 건강보험심사평가원의 자료를 보면, 과거 2002~2007년 동안에 정신 및 행동 장애가 연평균 18.7%로 매우 증가했다. 나이별로 보면 10~19세 사이 청소년의 정신질환이 많이 늘어났다. 청소년 정신질환 문제는 중장기적 관점에서 우리 사회에 더욱 큰 부담으로 작용할 우려가 크다. 정신질환은 다른 질병에 비해 재발률이 높다. 이것은 앞으로 정신질환이 우리 사회의 고질적인 사회문제로 더욱 고착되고 있음을 보여준다. 우리나라의 실제 정신질환자 규모는 표면적으로 나타난 것보다 훨씬 더 클 것으로 예상한다. 2006년 보건복지가족부의 조사결과에 따르면 정신질환이 생겼을 때 정신 의료 서비스를 이용하는 사람들의 비율은 약 11% 수준에 불과하다. 대다수는 주변의 시선 등을 의식하여 정신과 진료를 꺼린다. 정신질환의 총 진료비 규모는 암의 38% 수준 정도로 나타난다. 그러나 잠재적인 규모까지 고려해 보면 암의 진료비 규모에 못지않을 것이다. 앞으로 이러한 잠재된 정신질환자들까지 병원을 찾게 되면 정신질환 의료비 증가추세는 더욱 심화할 수 있다.

## 정신건강관리의 필요성

정신적인 문제는 행동으로 이어지기 마련이다. 개인의 문제에서 가정의 문제, 직장의 문제, 사회의 문제 등으로 확대된다. 정신건강과 긴밀히 연계된 주요 사회적 현상들은 자살, 폭력, 중독 등이 있다. 이러한 정신질환은 단순히 병원에서 몇 번 치료를 받는다고 금세 좋아지는 것이 아니다. 정신건강은 사회적인 환경의 영향을 많이 받는다. 그래서 세계보건기구나 정신건강 전문가는 지역사회중심의 치료를 강조한다. 그래서 정신질환 치료에 대한 인식변화가 요구된다. 사람들은 정신적인 문제로 치료를 받으러 가는 것을 매우 피한다. 마음의 병이 있음에도 많은 사람이 정신과나 상담 센터를 찾지 않는다. 많은 사람은 정신적인 문제를 '의지의 문제'로 생각한다. 스트레스를 받고 우울증에 걸리는 것은 모두 다 의지가 부족하기 때문이라는 것이다. 정신건강을 개선하기 위해선 먼저 정신질환 치료에 대한 국민의 인식이 변화되어야 한다. 정신적인 질환도 체계적인 치료와 관리가 필요하다. 예를 들어 우울증으로 의심되는 증세가 지속한다면 감기에 걸렸을 때처럼 '병원에 가봐야겠다.'라고 생각해야 한다. 이러한 인식의 변화를 위해서는 무엇보다 다양한 홍보 활동들이 필요하다. 국민이 일상생활 속에서 여러 경로를 통해 자주 정신건강 관련 정보를 접하도록 한다. 정부는 대중 매체 광고나 각종 이벤트를 주로 진행하고 의료계는 정신과에 대한 신뢰도를 높이기 위한 각종 홍보 활동을 수행한다. 기업은 작게나마 상징적으로 정신건강 관리 프로그램을 도입한다. 정신건강에 문제가 있는 구성원들의 생산성 손실을 고려하면 단순히 '정부의 일'이라든가 '사치'로 생각할 문제는 아니다. 2000년 미국 예일대가 발표한 연구 결과에 따르면, 우울증에 걸린 직장인은 건강한 직장인보다 2배나 많은 결근율을 보이고 출근하더라도 일에 집중하지 못해 그 생산성 손실은 무려 7배에 이른다.

한국보건사회연구원에서 발표한 'OECD 국가 행복지수' 결과를 보면 우리나라는 30개 회원국 중 25위를 차지했다. 연세대 사회발전연구소가 연구한 'OECD 국가 어린이와 청소년에 대한 비교 연구' 결과에서 우리 어린이와 청소년의 주관적 행복감은 비교 대상 20개 국가 중 꼴찌였다. 세계 경제 10위권의 경제 대국으로 성장했음에도 불구하고 우리의 마음은 가난한 상태에 머물러 있다. 마음의 병은 신체의 병과는 달리 빈부 격차, 교육 수준, 경쟁의 강도 등 다양한 사회 · 구조적인 요인들의 영향을 많이 받고 있다. 정신건강을 잘 관리하기 위한 종합적인 대책마련이 더욱 중요하다.

## 다시 생각하기 !

사람들은 인생에서 가장 소중한 것은 건강이라 말한다. 건강을 잃으면 모두 잃는 다고 생각한다. 건강은 병이나 허약한 것이 없고 육체적, 정신적, 사회적으로 완전히 평안한 상태이다. 올바른 건강관은 올바른 건강법을 찾아 실천하는 데 필요하다. 건강하기 위해서는 과욕도 금하고 몸의 질병도 전인적으로 치료하는 것이 중요하다.

사람은 영, 혼 및 육으로 구성되어 있다. 육은 신체로서 운동으로 건강을 유지한다. 혼은 마음이나 정신으로 사물을 느끼고 생각하며, 육체 속에서 정신작용을 한다. 영은 영원한 생명으로 신령스럽고 정신이나 영감을 통하여 작용한다. 사람은 양심을 가지고 행동하며 도덕적으로 선과 악을 판단한다. 사람은 자유의지로 선과 악 중에 무엇을 선택할지 자유의지를 통해 행동한다. 죽은 영은 결국 사망인 지옥으로 간다. 성령은 죽은 영을 다시 살려 영원한 천국에 가도록 인도한다. 건강한 사람은 정신적으로 안정되고 영적으로 생명을 유지하는 상태에 있다.

한국에서 신체와 정신이 건강하지 못하여 많이 사망한다. 신체의 암, 뇌혈관 질환 및 심장질환 등으로 많이 사망하고 있다. 특히 암의 발생률은 고령화, 생활 및 작업환경의 변화, 개인습관의 변화 등에 의하여 많이 증가했다. 정신이 건강하지 못한 자살자는 매우 증가하여 심각한 상황이다. 한국의 자살률은 OECD 국가 중 1위다. 국내 자살, 알코올 중독 및 우울증 환자가 급격히 증가하는 등 국민의 정신건강문제는 심각한 실정이다.

사람은 행복하면서 뜻있게 살고 싶으나 정신적, 육체적인 피로에 지쳐 있다. 몸과 마음에 피로가 쌓이고 건강하지 못하면 불행하다. 건강하지 못하여 질병에 걸리고 잘 대처하지 못한다. 건강하지 못하다는 것은 만성적인 질병이 있는 것이다. 정신건강이 좋지 않으면 신체건강도 별 의미가 없다. 정신질환으로 말미암은 사회적 비용 손실은 암보다도 크다. 정신질환의 문제는 개인에서 가정, 직장 및 사회의 문제로 확대되어 있다. 스트레스와 우울증을 잘 관리해야 정신질환에서 벗어난다. 한국인의 행복지수는 낮으며, 경제가 성장하였어도 마음은 가난한 상태에 머물러 있다. 그래서 개인 및 사회적으로 정신건강을 잘 관리하는 대책 마련이 절실하다.

제4장

# 건강한 몸은 삶을 활기차게 한다.

1. 몸의 건강을 잘 관리하고 있는가?
2. 일상에서 기본습관으로 건강을 증진하는가?
3. 평소에 유산소 운동을 즐기는가?
4. 정기적으로 건강검진을 받고 있는가?

# 1. 몸의 건강을 잘 관리하고 있는가?

## 한국인의 건강관리 방법

한국인의 주된 건강관리 방법은 규칙적 운동과 정기적인 건강검진으로 파악되었다[1]. 2009년 8월 강북삼성병원 종합검진센터에서 건강검진을 받은 수진자 500명을 대상으로 조사한 결과 규칙적인 운동(39%)과 정기적인 건강검진(31.7%)을 가장 많이 꼽았다. 금연과 금주(12%), 스트레스 관리(11%), 식생활 개선(7%) 등이 뒤를 이었다. 건강관리 방법으로 가장 많이 선택한 규칙적인 운동과 정기적인 건강검진을 실천하는지 여부에 대해 질문이 주어졌다. 그 결과, '규칙적으로 운동한다.'는 답변은 36%로 인식에 비해 실행력이 조금 떨어지는 것으로 나타났다. 정기적으로 건강검진을 선택한 응답자 가운데 72%가 1년 또는 2~3년에 한 번씩 정기적으로 건강진단을 받는다고 답변, 실행력이 높은 것으로 분석되었다.

**건강관리의 좋은 생각**

- 생활에서 규칙적인 운동 · 식습관 개선 · 금연과 절주 · 스트레스 관리
- 1년에 생일날 정기적인 건강검진 실시

1) 의협신문(2009.8.19)

## 건강진단의 필요성

건강진단을 위해 특정한 날을 정할 경우 어떤 날이 가장 효과적일까라는 질문에 생일이 제일 효과적이라는 응답이 1%로 가장 많았다. 기존에 건강진단을 받은 날이라는 응답도 36%였다. 결혼기념일을 선택한 응답자는 12%였다. 건강진단을 받는 형태에 대해 조사한 결과, 회사에서 실시하는 건강검진을 받는다는 응답이 39%, 국민건강보험공단에서 실시하는 건강검진을 받는다는 응답이 34%를 차지했다. 반면 개인이 직접 병원을 방문해 건강검진을 받는다는 응답은 27%로 조사되어 개인보다는 국가의 건강검진제도를 주로 이용하였다.

이 같은 조사결과로 보아, 몸의 건강을 유지하기 위해서는 규칙적인 운동, 식습관 개선, 금연과 절주, 스트레스 관리가 매우 중요하다고 강조한다. 건강진단은 질병예방 차원도 있지만 질병의 조기진단을 통해 더 큰 병으로 진행하는 것을 막는 안전장치이다. 건강진단은 주기적으로 받는 것이 중요하다. 이번 설문결과에서 정기적인 건강진단은 생일을 가장 선호하는 것으로 나타났다. 생일을 건강진단을 받는 날로 정해 캠페인을 전개하는 것도 건강검진 수검률을 높이는 하나의 좋은 방법이다.

### ❀ 건강을 잘 관리하기 위한 10가지 수칙 🕮

❶ 새벽을 깨우라. 일직 잠자리에 들고 일찍 일어난다.

❷ 아침산책을 생활화 하라. 아침산책은 체중조절, 정신평안 및 말씀 묵상에 좋다.

❸ 부지런히 움직이고 30분 일찍 출근하라. 준비된 하루는 자신감을 회복시켜준다. 1주일에 3-4일은 30분 정도 운동한다.

❹ 자신이 하는 일을 사랑하며, 범사에 감사하라. 사랑하는 일은 스트레스를 받지 않는다.

❺ 꿈과 호기심, 탐구하는 자세를 잃지 말라. 두뇌는 사용할수록 젊어진다.

❻ 건전한 스트레스 해소책을 개발하라. 음주, 흡연과 도박은 결국 스트레스를 풀기보다 더해준다.

❼ 하루 3끼 식사를 균형있게 하라. 술과 담배를 피하라. 아침은 죽이라도 거르지말고 저녁은 다소 줄인다.

❽ 휴식일정을 철저히 잡아라. 일과 휴식에 균형을 잡는다.

❾ 건강과 성공의 분위기를 만든다. 나보다 훌륭한 사람을 많이 만나고 사귀라.

❿ 부모에게 효도하고 하나님을 사랑하라. 효자는 장수하고 성공하며, 하나님안에서 내 인생을 다시 발견하라.

# 2. 일상에서 기본습관으로 건강을 증진하는가?

## 건강증진의 기본습관

사람은 신체적, 정신적으로 건강성이 있는 경우에 건강하다. 건강은 장기적인 관리가 필요하며, 이것은 습관적으로 하는 것이 효과적이다. 신체적 건강을 유지하려면 습관화된 행위가 필요하다. 신체 건강을 유지한다는 것은 해부구조와 생리기능을 정상으로 유지시키는 것이며, 이것은 일상생활을 통하여 이룩된다.

**일상적 건강관리 원칙**

- 좋은 음식을 정확히 먹는다.
- 적당한 운동을 규칙적으로 한다.
- 잠을 깊고 맛있게 잔다.
- 하루에도 때를 맞춰 적합한 운동을 한다.

1 좋은 음식을 정확히 먹는다.

음식은 신체를 움직이고 건강을 유지하는 원동력이다. 1일 3회의 식사가 보통이나 2번의 식사는 필수적이다. 평소 아침을 6시에 먹고 10시 전후에 간단한 간식을 먹고 2시에 점심을 먹는다. 저녁에는 활동이 적고 일찍 취침하므로 오후 5-6시경 소화가 쉬운 소량의 과일을 먹는다. 음식도 지방이 많은 음식은 피하고 고섬유식의 식사가 중요하다. 과일, 채

소, 곡류 등의 고섬유식은 대장암과 직장암의 위험을 감소시킨다. 마지막에 후식 정도로 비타민A, 비타민C가 풍부한 식품을 섭취한다.

◩ 음식 섭취의 3가지 원칙 ◪

| 원 칙 | 주요 내용과 효과 |
|---|---|
| 아침기상 후 생수 1컵 마심 | • 위 및 장기능의 향상<br>• 변비 예방에 효과적 |
| 아침식사는 필수 | • 학생-학습능력 향상과 뇌의 활동에 기여<br>• 직장인-근무의욕과 에너지 공급<br>• 위장의 정상적 기능유지와 신체활동 도움 |
| 오후 6시 이후 음식섭취 삼가 | • 위의 부담 경감, 에너지원의 소비<br>• 달고 짜고 맵고 기름진 음식의 가급적 소량 섭취<br>• 음식 먹은 후 음주와 소량의 술 마심<br>• 음주 시 오렌지 쥬스 또는 기타 음료 마심<br>• 10잔 이상 녹차-성인병 예방효과, 마음평화 유지 |

2 적당한 운동을 규칙적으로 한다.

운동은 신체의 건강성을 유지하는 데 매우 중요하다. 유산소 운동은 몸속의 지방을 산화시켜 체중조절에 효과가 있다.

좋은 유산소 운동의 예로는 걷기, 달리기, 자전거 타기 및 줄넘기 등이 있다. 유산소 운동은 전신운동으로 몸의 혈액순환을 촉진하며 신체 에너지의 근원이

다. 유산소 운동은 혈중 콜레스테롤이나 중풍, 고혈압, 뇌졸중을 가져오는 혈관내의 노폐물을 제거한다. 또한 성인병 예방에 탁월한 효과가 있으며 심장강화에 많은 도움을 준다. 유산소 운동은 무엇보다도 체중조절과 일상생활의 활력에 효과적이다.

**운동의 3가지 절대 원칙**

- 운동시간은 기본적으로 30분 이상 → 지방감소와 체중조절의 효과
- 아침운동에 국민체조가 좋음 → 피로회복과 전신운동의 효과
- 1주간에 최소한 3번은 운동 → 체력증진과 체중조절, 오후가 좋음

3 잠을 깊고 맛있게 잔다.

## 숙면과 건강

몇 년 전, 모 화장품 광고에서 '미인은 잠꾸러기'라는 말을 유행시킨 적이 있다. 잠을 잘 자면 피부가 좋아진다고 해서 이런 광고 문안이 사용되었다. 미국 오하이오 대학의 한 연구팀은 잠과 다이어트의 관계에 대해 흥미로운 결과를 발표하였다. 저녁에 규칙적으로 편안하게 잠을 잘 자면 날씬하게 될 가능성이 훨씬 높다는 것이다. 잠만 잘 자도 피부가 고와지고 살도 빠진다고 하니 솔깃할 수밖에 없다.

이 연구팀은 하루에 5시간 이하로 수면시간이 짧은 여성들과 매일 규칙적으로 7시간 이상 충분한 수면을 취한 여성들을 비교하였다. 그 결과, 매일 5시간 이하로 수면이 충분치

못한 여성들은 7시간 이상 충분한 수면을 취한 여성에 비해 16년 동안 평균 15kg 정도 체중이 증가할 것으로 추측되었다.

왜 이런 결과가 나오게 됐을까? 우리 몸은 잠을 못 자게 되면, 식욕을 억제하는 물질인 '렙틴'은 감소하고 식욕을 촉진하는 물질인 '그렐린'은 증가한다. 잠을 적게 자면 식욕이 증가하므로 살이 찔 수밖에 없다. 또한 잠을 적게 자는 사람들에게는 스트레스 호르몬의 일종인 '코티솔'의 농도가 증가하기 때문에 지방 분해보다 합성이 더 촉진된다. 그렇다고 해서 무작정 많이 자는 것만이 날씬해지는 비결은 아니다.

병원을 찾는 많은 분들이 적정 수면 시간에 대해 질문한다. 수면 시간이 적을수록 체중이 많은 경향이 있지만, 이런 상관관계는 어느 포인트부터 반대의 경향, 수면 시간이 많을수록 체중도 많아지는 전환을 보인다.

여기서 또 의문이 생길 것이다. "너무 많아도 안 되고 적어도 안 된다면 도대체 잠을 얼마나 자야 한다는 건가요?" 여기에 대한 다른 해답이 있다. 수면의 다양한 요인 중 비만을 예방하는데 중요한 것은 수면 시간 보다 스스로 느끼는 수면의 질이라는 연구 결과들이다. 충분히 자도 스스로 잘 자지 못했다고 느끼는 사람들은 비만으로 이어질 가능성이 더 높다. 성공한 명사들이 자신의 건강 비결로 짧지만 달게 자는 낮잠을 드는 경우가 많은 것을 본다. 잠은 많이 자는 것보다 잘 자는 것이 더 중요하다는 이 이론이 실감난다.

## 숙면의 중요성

좋은 음식을 먹고 적당한 운동을 하여도 충분한 수면이 없다면 무용지물이다. 사람은 1일 24시간 중에 적어도 6시간 정도는 자야한다. 현대인은 일상생활에 바빠서 피곤하여 잠을 설친다. 수면시간을 줄여서 취미활동, 가정생활 및 여가를 즐기는 사람도 많다. 이러한 생각은 잘못된 것이다.

숙면은 건강관리의 기본이 되며 사람의 정상적인 생활을 유지하기 위해서 필수적이다. 청소년 시절에는 신체적 적응능력이 좋아서 며칠씩 수면을 취하지 않아도 별다른 건강문제가 생기지 않는다. 이러한 습관은 나중에 건강을 나쁘게 하고 생활의 활력을 감퇴시키기 시작한다. 일찍 자면 처음엔 시간 낭비라고 생각해서 처음에 잠이 오지 않는다. 그러나 점차 습관이 되어 일찍 자고 아침에 일찍 일어나게 되면 활기찬 생활을 할 수 있다. 덧붙여 '미인은 잠꾸러기'이고 "잠이 보약이다"라는 말이 있다. 숙면을 시작한 후에 피부가 좋아진 사례도 있다. 숙면은 피부를 비롯한 건강에 좋다. 하루에 적어도 8시간 정도 달고 맛있는 깊을 자야 한다.

## 🕮 맛있는 잠(숙면)의 십계명 ✎

① 근육을 느슨하게 해준다. 몸을 오른쪽으로 눕되 두 다리를 굽혀 근육을 느슨하게 한다. 취침 중에 소화 및 혈액순환이 잘 된다

② 잠자기 전에 화내지 않는다. 화내거나, 근심을 하게 되면 체온과 혈압도 높아져서 깊은 잠을 방해한다.

③ 잠자리에 누워 근심하지 않는다. 근심으로 정신이 더욱 깨어나 잠들기 어렵다.

④ 잠자리에서 말하는 것을 피한다. 잠자리의 독서, 대화 및 TV 시청은 잠자리에서 잠을 자는 것이라는 규칙을 몸 안에 알려주지 못한다.

⑤ 취침 전에는 음식을 먹지 않는다. 음식을 먹으면 위를 움직이는 자율신경계는 쉬지 않고 움직이며, 피곤을 풀지 못한다.

⑥ 머리는 항상 시원하게 유지한다. 정신이 맑아지고 두통이 생기는 것을 방지한다.

⑦ 입을 벌리고 자지 않는다. 입을 벌리고 자면 입 안이 마르고, 심장부근에 수분이 부족하게 된다.

⑧ 얼굴을 덮지 않는 다. 이불을 머리끝까지 덮게 되면 산소가 부족해져 여러 문제를 야기한다.

⑨ 이불을 꼭 덮는다. 잠자리에서는 자신의 체온을 그대로 유지하는 데는 이불이 중요하다.

⑩ 베개의 높이는 6-9cm가 좋다. 부드럽고 보온성이 좋은 무게가 2~2.5kg정도의 이불이면 아주 좋다.

## ✌ 수면의 질을 높이는 비결 ✿

➢ 잠자리에 들기 전에 술, 커피 및 담배을 피한다.
➢ 침실의 조명은 아예 없거나 녹색, 황색으로 하는 것이 좋다.
➢ 취침 전에 실내를 환기하여 맑은 공기를 유지한다.
➢ 저녁 식사를 거르지 않으며, 취침 전 따뜻한 우유도 도움이 된다.
➢ 취침 전에 가급적 물을 마시지 않는다.
➢ 취침 전에 TV시청, 게임 등으로 정신적 긴장을 주지 않는다.
➢ 침구는 너무 무겁지 않은 것을 사용한다.
➢ 오후 늦게, 취침 2시간 전에 가벼운 운동을 한다.

4 하루에도 때를 맞춰 적합한 운동을 한다.

## 운동과 건강관리

생활의 질이 향상되고 건강에 대한 관심이 고조되면서 사람들은 운동에 대한 관심이 많다. 오늘날 사람들은 좋은 건강을 유지하기 위해서 열심히 운동을 하고, 건강에 좋은 약, 음식 및 건강보조 식품을 잘 먹는 다. 특히 신체건강을 유지하기 위한 가장 좋은 방법으로 운동이 권장되면서, 누구나 좋아하는 운동에 매우 열심이다. 운동을 좋아하는 사람이 많으나, 이들의 운동시간은 아주 다르다. 새벽에 조깅을 즐기거나 심야에 헬스클럽 혹은 집안에서 러닝머신 위를 달리는 사람도 많다. 일부 직장인은 점심식사 뒤 잠깐 짬을 내서 헬스장을 찾는다. 운동 시간이 불규칙한 사람을 위해 24시간 개방하는 헬스클럽도 생겼다.

그렇다면 언제 운동하는 것이 좋으며, 가장 효과적일까? 이에 대한 생체리듬에 맞는 최적의 운동시간대와 운동방법을 알아보는 것이 의의가 있다.

**좋은 시간 적당한 운동**

- 고혈압, 당뇨, 심장병 및 관절염 환자는 새벽운동을 금한다.
- 저녁에는 규칙적인 가벼운 운동이 좋다.
- 점심시간에 하는 '자투리' 헬스는 오히려 역효과이다.
- 피로한 경우에 3~4일간 휴식을 한뒤 운동한다.
- 운동도 편식을 피하고 유산소 및 근력운동을 같이 한다.

① 고혈압, 당뇨, 심장병 및 관절염 환자는 새벽운동을 금한다.

인간은 대략 24시간을 주기로 같은 생리현상이 동일 시간대에 반복하는 생체리듬을 갖는다. 이 결과로 밤이 되면 졸리고 아침에는 정신이 맑아진다. 따라서 새벽에 잠에서 깨자마자 조깅하는 것은 생체리듬에 반하는 일이다. 생체리듬을 거스르는 운동은 심각한 질환의 빌미가 된다. 오전 8~10시에 심장마비에 걸릴 위험이 오후 6~8시보다 두 배 높다는 연구 결과가 있다.

아침에 잠자리에서 막 기상하여 측정한 혈압이 하루 최고치다. 이때 측정한 혈압은 당일 최저 혈압보다 20% 가까이 높다. 반면 혈당은 보통 새벽에 최저로 떨어진다. 당뇨병 환자가 아침식사를 하지 않은 공복 상태에서 운동할 경우 치명적인 저혈당이 온다. 오전 8시는 류머티스 관절염 환자의 증상이 가장 나빠지는 시간대이다. 따라서 고혈압, 심장병, 뇌졸중, 당뇨병 및 관절염이 있거나 우려되는 사람에겐 새벽운동은 안 좋다.

② 저녁에는 규칙적인 가벼운 운동이 좋다.

몸이 휴식을 취해야 할 한밤중에 운동하는 것도 생체리듬을 거스른다. 심야에는 당연히 운동 능력이 떨어진다. 하지만 가벼운 운동을 저녁에 하는 것은 훌륭한 수면제이다. 이를 테면, 운동 후 미지근한 물로 샤워하면 혈관이 팽창되면서 '스르르' 잠에 빠진다. 그러나 강도 높은 운동은 오히려 불면증을 유발한다. 이것은 교감신경을 자극하여 뇌가 예민해지기 때문이다.

새벽, 심야 운동이 불가피하다면 일정한 시간대를 정해 늘 같은 시간대에 운동하는 것이 중요하다. 같은 시간대에 적응하면 불의의 질병, 사고, 부상을 예방할 수 있다. 새벽과 심야 중 언제 운동하는 것이 더 나은가에 대해선 학자마다 의견이 다르다. 생체리듬의 관점에서 보면 최적의 운동 시간대는 오전 10~11시와 오후 3~4시 사이이다. 문제는 이때 대부분의 사람이 회사 또는 학교에서 근무를 하거나 공부를 한다는 사실이다.

### ③ 점심시간에 하는 '자투리' 헬스는 오히려 역효과이다.

식사도 운동시간에 영향을 미친다. 보통 저녁을 먹고 한두 시간 뒤에 운동하는 것이 바람직하다. 가벼운 운동은 식후 1시간, 격렬한 운동은 식후 2시간쯤 지난 뒤 하는 것이 좋다. 운동은 에너지원을 충분히 섭취하고 이를 잘 소화시킨 뒤 하는 것이 원칙이다.

점심을 20~30분 만에 서둘러 먹고 남은 시간을 운동에 할애하는 것은 오히려 손해다. 소화도 안 되고 운동효과도 떨어진다. 위를 거의 비운 상태에서 운동해야 에너지가 운동과 관련된 골격에 잘 전달된다. 또 식후엔 혈압이 10mmHg가량 상승하므로 고혈압 환자에게 식사 직후의 운동은 위험하다. 운동부터 하고 식사하면 소화가 잘 안 되기 십상이다. 복부 내장의 혈류가 줄어들어 음식을 섭취하면 위에 상당한 부담이 된다. 운동 후 식사는 정리운동을 마친 뒤 20~30분 후에 하는 것이 원칙이다. 운동이 끝난 뒤엔 식사보다 땀으로 흘린 수분을 우선 보충해야 한다.

④ 피로한 경우에 3-4일간 휴식을 한 뒤 운동한다.

신체 상태에 따라 운동량을 조절하는 것이 생체리듬에 순응하는 길이다. 전날 술을 마시거나 밤에 잠을 설친 경우, 또는 피로가 쌓였거나 전날 운동을 격렬하게 한 경우가 있다. 이 경우엔 강박적으로 운동하기보다 3~4일 휴식을 취한 뒤 운동을 재개한다. 운동 시 준비운동을 강조하는 것도 생체리듬과 관련이 있다. 잠에서 방금 깨어난 사람이라면 심폐 기능이나 관절 기능이 운동에 적합하지 않다. 준비운동을 통해 체온을 상승시키고, 신체의 혈류량을 증가시키는 사전 작업이 필요하다.

⑤ 운동도 편식을 피하고 유산소 및 근력운동을 같이 한다.

음식도 곡류, 채소, 과일 및 육류 등을 골고루 먹어야 하듯 운동도 편식은 곤란하다. 유산소 운동과 근력 운동, 유연성 운동을 함께 해 주는 것이 운동 효과를 100배 높인다. 대표적인 유산소 운동에는 빨리 걷기, 조깅, 달리기, 자전거, 수영, 에어로빅, 인라인 스케이팅과 스포츠 댄스 등이 포함된다. 이를 통해 심폐 지구력을 높일 수 있다. 근지구력을 높여주는 근력 운동 중 가정에서 간단히 할 수 있는 것은 덤벨, 고무줄 등이다. 스트레칭은 인체의 경직된 관절을 풀어줘 가동력을 높인다.

◪ 시간대별 신체의 생리현상 ◪

| 시간대 | 신체의 생리현상 |
|---|---|
| 새벽 2시 | 성장호르몬 분비 고조 |
| 새벽 3시 | 신체기능의 저하 |
| 새벽 4시 | 천식 발작 최다, 추위 크게 느낌(체온 저하) |
| 오전 7시 | 콧물. 두드러기 등 알레르기 증상 가장 악화 |
| 오전 8시 | 류머티스성 관절염 증상 악화, 심장마비<br>뇌졸중 가장 빈번히 발생 |
| 정오 12시 | 알코올에 약함 (점심 반주 약간 취함) |
| 오후 1-2시 | 활력. 체력의 일시적 저하 |
| 오후 3-4시 | 운동에 적절한 컨디션<br>(근력. 반사 신경. 체온. 맥박 반응 가장 양호) |
| 오후 7시 | 정신적, 신체적으로 가장 불안정 |
| 오후 8시 | 소화 작용 가장 원활, 체중 증가 가능성 큼 |
| 자정 | 신진대사 가장 원활, 세포 재생력 최고 |

# 3. 평소에 유산소 운동을 즐기는가?

## 유산소 운동의 정도

유산소 운동(aerobic exercise)은 신체의 산소 소비량을 증대하는 운동법이다. 보통 30분 이상 지속 가능한 운동을 일컫는다. 유산소 운동은 지방을 에너지원으로 사용하며, 몸 안의 노폐물을 배출하기 때문에 모든 사람에게 중요하고, 유용한 운동이다.

처음부터 너무 강도 높은 운동을 하면 심장을 포함한 몸에 무리가 온다. 따라서 처음 몇 주 동안은 회당 유산소 운동 시간을 짧게 정한다. 일주일에 2~3회, 1회 20~30분 정도로 시작한다. 그리고 점차 횟수와 시간을 늘린다. 운동의 시작과 끝엔 반드시 준비운동과 정리운동을 하고, 수분을 충분히 섭취한다. 운동 도중에 몸에 통증이 느껴지거나 호흡이 곤란하면 운동을 즉시 멈춘다. 운동은 꾸준히, 규칙적으로 하는 것이 좋다. 따라서 갑자기 강도를 높이거나 며칠씩 쉰 후 몰아서 하는 것은 좋지 않다. 무엇보다 일상생활 속에 포함된 운동이 장기적으로 봤을 때 가장 좋다.

## 유산소 운동의 효과

유산소 운동은 다양한 효과가 있다. 이 운동은 스트레스를 감소시키며, 지방산을 주된 에너지로 사용한다. 꾸준히 하면 평상시의 심박 수와 혈압을 낮춰주며, 근지구력이 향상된다. 체지방률을 낮춰줌은 물론 심신을 안정시킨다. 심신을 활발하게 하는 원동력이 되며, 혈액순환이 개선된다. 유산소 운동은 종류에 구애받지 않는다. 호흡하면서 즐기는 모든 활동이 유산소 운동에 포함된다. 간단하면서도 일상생활에서 하기 쉬운 편리한 유산소 운동은 걷기, 달리기, 자전거 타기, 줄넘기, 등산 등 여러 가지가 있다.

| ☆ 쉬운 유산소 운동 1 ☆ | ◔ 걷기 ◕ |
|---|---|

① 이점

➪ 다리근육을 발달시키고 심폐지구력을 향상한다.

➪ 시간·장소에 구해 받지 않는 간편한 경제적 운동이다.

➪ 일반인, 노인층, 허약자 및 비만자에게 좋다.

② 걷기 운동의 자세

➪ 뒷발의 무릎이 충분히 펴지도록 발구름하고 앞발의 발끝을 전방으로 향하며 무릎은 편다.

➪ 뒷발 착지는 발 뒤꿈치부터 착지하여 앞 꿈치로 향한다.

➪ 신체의 요동을 적게 하고 어깨 힘을 빼서 부드럽게 걷는다.

➪ 허리를 흔들지 말고 가슴을 펴고 걷는다.

③ 복장과 신발

➪ 의복 - 간편하면서 더울 때에는 통풍이 잘 되는 의복이 좋다.

➪ 모자 등을 착용해 열 중독을 예방하고, 흡수성이 좋은 면양말을 착용한다.

➪ 편하며 바닥이 부드럽고 충격이 적은 신발을 이용한다.

④ 운동효과

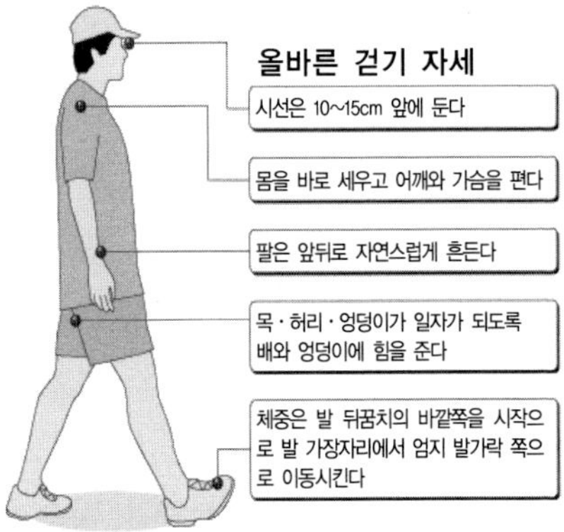


➪ 호흡률이 좋아져 산소섭취량이 증가하며 혈액순환이 왕성해져 심박출량이 증가하고 심박 수가 감소한다.

➪ 건강에 좋은 상태인 고밀도 지단백(HDL) 콜레스테롤이 증가하며 비만을 없애고 고지혈증, 고혈압과 당뇨를 개선한다.

➪ 노화 예방과 골 밀도의 유지에 효과가 있다.

⑤ 운동량의 강도

➪ 적당한 강도의 운동을 장시간 지속한다. 어느 정도의 운동시간이 흐르면 근육에 산소를 공급하는 유산소 운동이 이루어진다.

➪ 1주일 기준으로 4-5일 이상 실시하는 것이 좋다.

## ☆ 쉬운 유산소 운동 2 ☆ ◔ 달리기 ◕

① 달리기 자세

➪ 목과 허리는 약간 앞으로 숙인다. 팔은 양 가슴 높이로 자연스럽게 붙여 구부리고 활기차게 흔든다.

➪ 무릎은 착지 시 조금 굽혀 충격을 흡수하고 발은 뒤꿈치가 지면에 먼저 닿도록 하고 발 앞쪽으로 중심을 옮긴다. 보폭은 걸을 때보다 좁다.

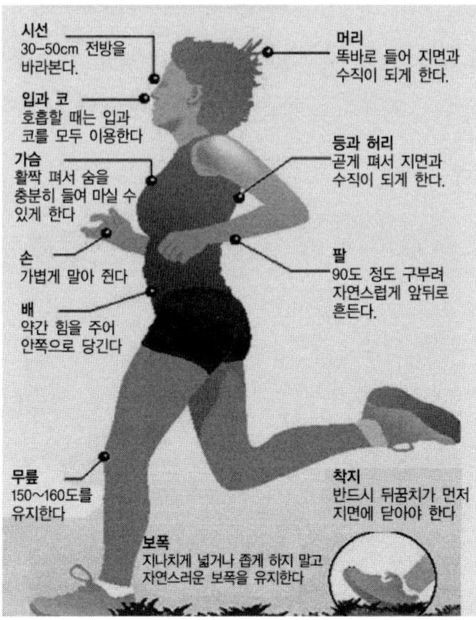

② 달리기 방법

➪ 속도는 55초 동안 100m정도를 달리는 것이 적당하다.

➪ 15분은 지속적으로 달리고 1주일에 3회 이상 한다.

➪ 운동 전·후 충분한 스트레칭을 하고, 운동 후에 물을 마셔 수분을 보충한다.

③ 달리기 복장

➪ 편하고 땀 흡수력이 좋은 옷을 입고, 발에 잘 맞고 충격이 적은 운동화를 이용한다.

④ 달리기 효과

➪ 심장과 폐에 긍정적으로 자극을 주어 심폐기능의 향상, 비만의 해소와 심혈관 질환에도 효과가 좋다.

➪ 성장호르몬과 테스토스테론, 갑상선 호르몬의 분비를 증가시켜 기초대사율을 높여 체지방량을 증가시킨다.

## ☆ 쉬운 유산소 운동 3 ☆ ◔ 자전거 타기 ◕

① 자전거 타는 방법

➪ 초보자는 자전거 타는 방법을 배우고 연습한다.

➪ 불필요한 근육의 긴장을 풀고 신체 균형을 잘 유지하여 자세를 바르게 한다.

➪ 가급적 항상 직선으로 가는 것이 좋고 상체의 움직임을 적게 한다.

➪ 언덕길에서는 다리에 힘을 더하기 위해 일어서서 상체를 굽혀 페달을 밟는다.

② 자전거 타기의 효과

➪ 심폐 지구력, 다리의 근력, 근지구력 및 체력을 향상시키는 운동이다.

## ☆ 쉬운 유산소 운동 4 ☆ ◔ 줄넘기 ◕

① 이점

➪ 실내·외 좁은 공간에서 하는 손쉽게 하는 전신 운동이다.

➪ 민첩성과 조정력을 좋게 한다.

② 운동방법

➪ 줄은 원을 그리며 가볍게 바닥을 스치는 정도로 돌린다.

➪ 손잡이를 잡은 양 손은 직경 20~30cm 정도의 원을 그린다. 이때 몸은 똑바로 펴고 시선은 정면을 향한다.

➪ 줄넘기는 혼자서 앞으로 넘기를 주로 하며, 가끔 흥미를 돋우기 위해 갖가지 변형된 방법도 좋다.

③ 기대효과

➪ 투지와 용기를 길러 담력과 자신감을 준다.

➪ 경쾌한 마음가짐을 주어 순환기능을 활발하게 한다.

# 4. 정기적으로 건강검진을 받고 있는가?

## 건강검진의 중요성

인간은 누구나 한 평생 건강하게 살기를 원한다. 건강은 최고의 자산이며 한번 잃은 건강은 되찾기 어렵다. 건강검진은 질병의 조기 발견 및 치료를 위하여 필요하다. 건강검진은 6개월 또는 1년에 한 번씩 정기적으로 받아보는 것이 좋다. 특히 40대 이상의 성인은 더욱 더 정기적인 검사가 중요하다. 우리 주변에서 평소 건강한 사람이 갑자기 쓰러져 사망하는 사례들이 있다. 그들이 미리 본인의 질병에 대해 알고 주치의의 지시에 따라 관리한다면 건강하게 사회생활을 영위할 수 있다. 평소에 자신의 건강상태를 주기적으로 확인하는 것이 매우 중요하다. 특히 평소 다음의 증세가 있는 사람은 반드시 건강검진으로 평소의 건강상태를 확인해야 한다.

**건강점진이 필요한 평소의 증세들**

- 평소에 피로감을 자주 느끼는 경우
- 얼굴색이 창백해지고 두통이나 현기증이 있는 경우
- 계단을 오를 때 숨이 쉽게 차는 경우
- 갈증이 심하고 소변을 자주 보는 경우
- 감기가 계절과 관계없이 자주 걸리는 경우
- 복부 불쾌감이나 변비 설사를 자주 하는 경우
- 가족 중 고혈압, 당뇨병, 유방암 등 불치병으로 사망한 사례가 있어 유전적 원인이 있는 경우

보통 많은 사람이 건강과 참살이(well-being)에 대하여 중요한 관심을 보인다. 그러나 건강을 위하여 가장 중요한 건강검진에 대해서는 "건강하다."라는 느낌과 "바쁘다"라는 핑계로 외면하고 있다. 건강은 건강할 때 시작해야 하며 정기적인 건강검진을 통하여 질환을 조기에 발견하고 치료해야 한다. 2005년 이후 주요 사망원인인 암, 뇌혈관 질환, 당뇨병 등의 생활습관병은 정기적인 건강검진으로 조기발견이 가능하다.

## 건강검진의 종류

현재 건강검진은 국민건강보험공단이 의료보험자를 대상으로 벌이는 공적인 건강검진과 병·의원들이 맞춤 형식으로 제공하는 사적인 건강검진이 있다. 공적인 건강검진은 일반건강검진과 암 건강검진으로 구분된다. 일반건강검진은 무료이지만, 암 건강검진은 보험료 기준 하위 50% 이하는 무료, 나머지 계층은 본인 부담률이 10%이다. 직장건강보험 가입자는 나이에 관계없이 사무직은 2년에 1번, 비사무직은 매년 건강검진을 받을 수 있다. 지역건강보험 가입자의 가구주는 나이에 관계없이 2년에 1번, 세대 구성원들은 만 40세 이상이 되면 2년에 1번 건강검진을 받는 것이 가능하다.

암 검진은 5개 암(위, 유방, 자궁경부, 간, 대장)을 대상으로 한다. 일반검진을 통해서는 혈압, 흉부X선, 빈혈, B형간염, 간기능, 혈당 및 콜레스테롤, 당뇨검사 등을 받을 수 있다. 국민건강보험공단은 연령과 지역 직장가입자 구분 없이 만 40

세와 만 66세가 되는 모든 건강보험 가입자에게 생애 전환기 건강검진을 제공한다.

**🕮 국민 암 예방 10대 수칙 ✎**

- ➪ 담배를 피우지 말고, 남이 피우는 담배 연기도 피하기
- ➪ 채소와 과일을 충분하게 먹고, 다채로운 식단으로 균형 잡힌 식사하기
- ➪ 음식을 짜지 않게 먹고, 탄 음식을 먹지 않기
- ➪ 술은 하루 두 잔 이내로만 마시기
- ➪ 주 5회 이상, 하루 30분 이상, 땀이 날 정도로 걷거나 운동하기
- ➪ 자신의 체격에 맞는 건강 체중 유지하기
- ➪ 예방접종 지침에 따라 B형 간염 예방접종 받기
- ➪ 성 매개 감염병에 걸리지 않도록 안전한 성생활 하기
- ➪ 발암성 물질에 노출되지 않도록 작업장에서 안전 보건 수칙 지키기
- ➪ 암 조기 검진 지침에 따라 검진을 빠짐없이 받기

## ✿ 성공적 몸 건강관리 주인공 1

### ❀ 일흔 한살 '몸짱 할아버지' 화제[2] ❀

2009년 나이로 일흔 한살 할아버지가 최근 대전시 몸짱 선발대회에서 1위를 차지하였다. 화제의 주인공 이성우(대전시 동구) 씨는 주름진 얼굴과 백발의 머리를 봐야 할아버지라고 믿어지지 몸만 봐서는 20대 청년을 방불케 한다. 헬스클럽에서 본격적으로 헬스를 시작한 지 1년여 만에 제4회 대전 시장 배 생활체육 보디빌딩대회 겸 제5회 미즈 몸짱 선발대회

2) 중도일보(2009.5.22)

60세 이상 급에서 1위를 차지하였다. 이 씨는 "운동은 생활습관이자 일상으로 하루라도 운동을 안 하면 몸이 무겁다."라며 운동예찬론을 펼치었다.

이 씨의 일과는 새벽 3시에 시작하는데 기상과 동시에 스트레칭과 팔굽혀펴기로 몸을 푼 후 4시에 헬스장으로 가서 2시간 정도 본격적인 운동을 시작한다. 아침운동을 마치고 집으로 돌아온 그는 다시 부인과 손자, 손녀를 데리고 수영장으로 향한다. 얼핏 보면 운동광이 아닌가 싶은 이 씨가 이처럼 운동에 몰두하는 이유는 그저 좋아서란다. "고등학교 때부터 평행봉을 놓고 운동하는 등 꾸준히 운동을 해왔는데 사회생활하며 좀 느슨해져 복부비만이 생겼다."라고 회고하였다. 이 씨는 "이대론 안 되겠다 싶어 15년 전부터 다시 운동을 시작해 지금까지 등산, 수영, 헬스를 지속적으로 하고 있다."라고 말했다.

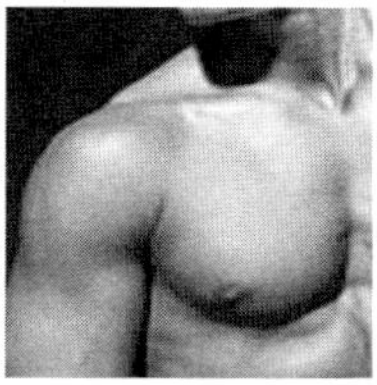

청년시절부터 70살이 넘은 지금까지 줄곧 65kg을 유지하고 있다는 이 씨는 "가리는 음식 없이 뭐든 잘 먹고 꾸준히 운동하는 덕분에 아파서 병원 한번 간 적 없는 건강 체질"이라고 자랑했다. 집에서 혼자 운동하던 이 씨가 헬스를 시작한 건 지난해부터로 꾸준한 운동으로 단련되고 일주일에 5회 이상 연습하는 그를 보고 손문수 충무 휘트니스 관장이 출전을 권유해 이번 대회에 참가하게 됐다. 이 씨는 "남 앞에 서는 게 쑥스러워 다른 대회에 더 참가하고 싶은 생각은 없지만 좋은 추억을 만들어

뿌듯하다."라며 좋아하였다. 이 씨는 "단시간 내 멋진 몸을 만들기 위해 무리한 운동을 하기보다는 하루 세끼 밥 먹듯 운동이 습관이 되면 멋진 몸과 함께 건강도 유지할 수 있다."라며 "거동할 수 있을 때까지 운동을 계속할 것"이라며 역기를 들으러 걸음을 옮겼다.

## ✿ 성공적 몸 건강관리 주인공 2

❀ 과학교과서 실린 - 몸짱 아줌마 정다연[3] ❀

'몸짱 아줌마' 정다연(40) 씨가 차세대 과학 교과서에 실렸다. 운동을 규칙적으로 하면 살이 찌지 않는 이유에 대한 설명에서 사진 자료로 채택된 것이다. 이 교과서는 올해 전국 5개 고교에서 '시범교과서'로 활용된 뒤 내년 정식 교과서가 된다. 살이 빠지기 전, 정 씨는 여느 아줌마처럼 외모 콤플렉스로 우울증에 시달렸다. 정 씨는 약골이었으며 결혼 전 48kg(키 161cm)이던 몸무게가 연년생을 낳은 뒤 20kg 가까이 늘면서 아프다는 말을 입에 달고 살았다. 정 씨는 평범한 주부로서 시부모와 시동생, 시누이와 함께 살면서 하루 세 번 밥상을 차렸고 매일 야식까지 챙겨 냈다. "살이 너무 쪄 척추에 무리가 오지 않았다면 저도 밥상 차리고, 치우고 돌아서면 다시 식사를 준비하는 쳇바퀴에서 벗어나지 못했을 거예

3) 동아일보(2006.4.17)

요. '집안일을 끝내고 운동해야지' 하면 영원히 운동은 시작하지도 못할 거예요. 만사를 제쳐 놓고 운동부터 하면 집안일도 다 할 수 있어요."

정 씨도 운동을 시작하고 지금의 몸 상태가 되기까지 2년 이상의 시간이 걸렸다. 그동안 건빵, 포도, 사과 다이어트 등 안 해 본 게 없었다. 온몸에 랩을 싸고 땀을 내다가 쓰러진 적도 있었다. 하지만 역시 땀 흘리지 않고 뺀 살이 원점으로 돌아가는 건 시간문제였다.

"유산소 운동만 하면 살은 빠지지만 힘이 안 나요. 무작정 살을 빼면 피부 탄력을 잃기 때문에 녹황색 채소를 꼭 챙겨 먹고 견과류 등 몸에 좋은 지방도 적당히 먹어야 합니다." 한 때는 하루 세 시간씩 격렬하게 운동한 적도 있지만 지금은 하루 30분씩 유산소 운동과 근육 운동을 한다. 잡담을 하지 않고 집중해야 운동 효과가 커진다.

단단한 몸을 갖기 위해 운동을 하는 것이기 때문에 체중은 거의 재지 않는다. 뱃가죽을 잡아 보는 것으로 살이 쪘는지 가늠한다. 피트니스센터를 찾는 사람들에게도 체중이 아닌 체지방을 재는 게 중요하니 가정에서도 체지방측정기를 사라고 권한다. "처음엔 미웠지만 별로 잘난 것도 없는 당신이 해냈다는 데 자극을 받아서 살을 빼게 됐다는 e메일을 받은 적이 있어요. 그렇게라도 모든 사람들이 운동을 시작하면 얼마나 좋을까요?"

## 다시 생각하기 !

건강한 몸은 삶을 활기차게 한다. 한국인은 주로 몸의 건강을 규칙적인 운동과 정기적인 건강검진으로 관리한다. 건강진단은 질병의 예방과 조기치료를 위한 안전장치이므로 주기적으로 받는 것이 중요하다. 일상생활에서 기본적인 습관으로 건강을 증진할 필요가 있다. 신체를 건강하게 유지하려면 일상생활에서 식생활 습관의 개선, 규칙적인 운동과 숙면 등 습관화된 행위가 요구된다.

평소에 하는 유산소 운동을 즐겨서 신체를 건강하게 만들어야 한다. 일상생활에서 하는 유산소 운동은 몸의 노폐물을 배출시키므로 몸에 아주 중요하다. 유산소 운동은 종류에 구애받지 않으며 평소에 호흡하면서 즐기는 활동이다. 이 운동은 신체건강을 유지하는 가장 좋은 방법이다. 평소에 걷기, 달리기, 자전거 타기 등 유산소 운동을 즐겨야 한다. 이것은 스트레스를 감소시키며 심신의 안정과 체력 증진에 효과적이다.

정기적으로 건강검진을 받는 것이 좋다. 이것은 질병의 조기발견 및 치료를 위하여 아주 필요하다. 건강검진은 공적인 부문과 병・의원이 맞춤 형식으로 제공하는 사적 건강검진이 있다. 자신의 건강상태를 확인하기 위해서 건강검진의 종류를 잘 파악해서 이용해야 한다.

제 5 장

# 건강한 정신(마음)은 삶에 보람을 준다.

1. 정신(마음) 상태는 정상적이고 평안한가?
2. 중고생과 직장인의 우울증, 스트레스 및 자살현상은 어느 정도 심각한가?
3. 오늘날 우울감, 의욕 및 흥미상실 등 우울증에 시달리고 있는가?
4. 일상생활에서 스트레스를 잘 다스리는가?
5. 정신적인 건강으로 몸을 건강하게 잘 관리하는가?

# 1. 정신(마음) 상태는 정상적이고 평안한가?[1)]

## 정신건강의 개념

오늘날 건강은 신조어인 참살이(well-being)의 단어와 잘 어울린다. 건강이란 병이 없는 상태에서 신체적, 정신적, 사회적, 영적인 삶의 유기적인 조화까지를 얻은 상태이다. 우리는 몸과 마음, 일과 휴식, 가정과 사회, 자신과 공동체 같은 모든 것이 조화를 이루어 어느 한쪽으로 치우치지 않은 상태를 '건강하다'고 말한다.

정신 건강도 단순히 우울증이나 정신분열병 같은 정신 질환이 없는 상태에서, 인생의 단계마다 이루어야 할 정신과 심리적 과업을 성취하고, 각 개인의 고유한 삶의 의미를 깨달아가는 상태까지를 폭넓게 뜻한다.

## 정신병리와 우울증

정신 병리는 비정상적인 사고, 감정, 의식, 지각 따위를 말한다. 비정상적인 것은 일반적으로는 보통 사람이 경험하는 정도를 넘어선다는 의미와 한 개인에게는 병이 생기기 전과 비교해 많이 다르다는 의미이다. 정신 병리 속에는 사고, 감정 및 지각의 이상 같은 현상도 들어간다. 첩보 영화에서 보

1) 서울대 정신건강센터 http://wellbeing4u.snu.ac.kr

듯이, 마치 자신이 누군가한테서 감시를 당하고 있거나 누군가의 음모로 피해를 보고 있다는 생각하는 경우에 사실이 아니라면, 그 사람은 망상을 가지고 있다. 망상은 사고 장애의 대표적인 한 예이다. 망상은 현실에 맞지 않은 잘못된 생각이다. 사실이 아닌 일을 사실이라고 믿는 망상은 논리적으로 설득하기가 매우 어렵다. 그렇지 않다는 명백한 증거를 아무리 제시해도 그 믿음이 쉽사리 바뀌지 않는 특징이 있다.

망상이 사고 장애의 한 예라면, 우울증은 감정 장애의 대표적인 예이다. 사람의 감정이 정상적인지 비정상적인지를 판단할 필요가 있다. 이 기준은 그 감정 상태가 그 사람이 처해 있는 상황 혹은 생각에 비추어 그 방향과 깊이가 과연 적절한지의 여부이다. 약간의 우울감은 누구나 경험하는 것이다. 하지만, 우울의 정도가 비정상적으로 심하고 오래 지속되어 그 사람의 사회생활에 문제가 될 정도라면, 병적인 우울증이다. 이런 우울증은 대개 사고나 행동에도 영향을 주어 비정상적인 죄책감을 동반한다. 그리고 의욕 저하나 기운 없음 또는 수면이나 식욕의 저하 등 다양한 신체 증상으로 많이 나타난다.

지각은 외적인 감각 자극을 오감을 통하여 받아들이고 대뇌에 전달하여, 과거 경험과 비교하고 통합함으로써, 주관적 인식에 도달하기까지의 과정이다. 외부 자극이 없음에도 어떤 지각 체험을 하는 것은 환각이다. 예를 들어 환청이란 소리가 들리지 않는 데도 소리를 듣는 것이다. 환시는 보이지 않는 것을 보는 것이다. 환청을 경험하는 사람들은 혼자 있는 조용한 방에서 다른 사람이 자신에게 하는 이야기나 타인들끼리 서로 이야기 하는 것을 듣고 혼자 말한다. 이런 다양한 정신 병리적 증상들은 증상을 겪는 사람이 주위 사람들에게 이야기를 하지 않으면 대부분 잘 모른다. 병원에서 정신과 의사 면담을 통해 비로소 확인되는 경우가 많다.

## 2. 중고생과 직장인의 우울증, 스트레스 및 자살현상은 어느 정도 심각한가?

### 걱정과 고민거리의 생활

아더 랭크라는 영국인 실업가 이야기다[2]. 그는 사업에 대한 고민과 걱정으로 항상 불안했고 늘 초조하게 살았다. 그래서 근심 없이 사는 방법에 대하여 골몰하다 기발한 생각을 하게 됐다. 일주일 내내 고민거리에 잠겨 있기보다는 수요일을 '고민의 날'로 정하여 그날 집중적으로 고민하는 것이었다. 걱정거리가 생길 때마다, 그 날짜와 내용을 적어 상자에 넣어 두었다. 매주 수요일, 그 쪽지들을 꺼내 보았다. 상자에 넣을 당시만 해도 큰 문제거리였으나 다시 보니

2) 부산일보(2008.2.1)

별로 큰 문제가 아니라는 사실을 깨달았다. 우리 하루의 삶은 이처럼 이 걱정 저 걱정, 온갖 상상에 의한 걱정거리로 가득 차 있다. 우울증은 그 원인이 정확히 규명되지 않았지만 호르몬의 영향일 수도 있고 스트레스, 환경 등 여러 요인이 복합적으로 작용해 발생할 수도 있다. 지나친 근심 걱정도 한 요인이다.

## 중고생의 우울증과 자살증세 심각

중·고교생의 절반 정도가 '우울' 성향을 보인다는 조사 결과가 나왔다[3]. 또 5명 중 1명은 '우울증' 또는 '자살 생각' 위험군에 속하였다. 입시위주 교육에 따른 스트레스 등이 원인인 것으로 풀이된다. 인천시 정신보건센터가 2009년 인천 지역 중·고교생(각각 1,739명·3,914명)을 대상으로 '청소년 우울 및 자살 사고의 심각도'를 조사한 결과에 따르면 학생 중 46.5%가 우울 성향을 보였다. 이 비율은 중학생보다는 고교생이 높았다.

조사 대상 5,653명의 학생 중 19.2%는 '우울증'이나 '자살 생각'에 대한 정도가 위험한 수준에 이르렀다. 자살에 대한 생각의 척도를 묻는 설문에서는 '또래보다 자살 생각이 많다'는 경우가 전체 학생 중 8.7%였다. 이 중 심한 자살 생각을 보이는 비율은 3.9%로 나타났으며, 여학생이 남학생보다 두 배 이상 많았다.

우울증과 자살 생각 정도가 심하다고 판단되는 810명의 학

3) 경향신문(2010.5.5)

생에 대해 집중 검사를 한 결과 23.5%가 실제 자살을 시도한 적이 있다고 답했다. 자살을 시도한 비율은 중학생(33.2%)이 고교생(19.4%)보다 훨씬 높았다. 자살 생각에 대해 고위험군으로 분류된 학생 28명 중 자해를 시도한 경험은 46.4%, 과거 실제 자살을 시도한 경험도 25%나 됐다.

우울증을 겪는 청소년들은 전반적으로 늘어나는 추세다. 2008년 국민건강보험공단이 조사한 '재발성 우울증 장애 진료실적'에 따르면 우울증으로 진료를 받은 19세 이하 어린이·청소년 수는 2004년 1,038명에서 2005년 1,143명, 2006년 1,207명, 2007년 1,370명 등으로 꾸준히 증가했다.

우리나라 학생들의 우울 증세나 자살에 대한 생각은 심각한 수준이다. 그 이유는 입시 위주 교육으로 스트레스는 심해졌으나 가족 간의 보살핌은 약화된 데 있다. 입시경쟁, 공부 스트레스 등 사회의 교육환경 문제가 자살 발생 위험성을 높이는 것을 넘어 청소년의 건강한 정서 함양과 인지 발달을 저해·왜곡하는 결과를 낳고 있다.

## 직장인의 71% 이상 우울증세

직장인 10명 중 7명(74.4%)은 회사 밖에서는 활기찬 상태이지만 출근만 하면 무기력해지고 우울해지는 '회사 우울증'에 시달리고 있는 것으로 나타났다[4]. 이는 2008년 상반기 같은 조사에서 49.9%가 우울증에 시달리고 있다는 결과보다 무

4) 매일신문(2009.9.15)

려 24.5%포인트 높아진 것이다. 잡코리아(www.jobkorea.co.kr)가 2009년 남녀 직장인 626명을 대상으로 한 '직장인 우울증 현황' 조사에서 여성 직장인의 78.5%, 남성 직장인의 71.3%가 회사 우울증을 앓고 있다고 응답했다. 연령대별로는 40대의 스트레스도가 가장 높아 78.7%가 회사 우울증을 앓고 있다고 답했다. 그 다음으로는 30대 75.9%, 20대(71.4%), 50대 이상(68.2%) 순이었다.

회사에만 가면 우울하고 무기력해지는 원인에 대해 직장인들은 '불확실한 비전'(47.4%)을 가장 많이 꼽았다. 이어서 과도한 업무량(34.1%), 상사와 관계(26.6%), 직장 내 모호한 자기위치(25.5%), 성과에 낮은 급여·임금인상(16.5%), 업무 책임감(15.9%), 뒤떨어진 복리후생(13.5%), 대인관계(12.9%), 나빠진 건강상태(10.5%), 성과평가에 대한 압박감(10.3%) 등 순으로 응답하였다.

## 한국인의 81% 일상적 스트레스

한국인 5명 중 4명이 일상적으로 스트레스를 받는 것으로 나타났다. AP통신이 시장조사기관인 입소스(Ipsos)와 공동으로 한국, 미국, 영국, 프랑스, 독일, 캐나다, 호주, 이탈리아, 멕시코, 스페인 등 10개국에서 성인 1,000명씩을 대상으로 조사하였다. 그 결과 한국에서는 응답자 가운데 81%가 일상적으로 스트레스를 받는다고 대답해 조사대상 국가 중 가장 높은 스트레스를 호소했다. 호주인들은 일상적으로 스트레스를 받는다는 응답이 77%였고, 캐나다인과 프랑스인, 영국인이 각각 76%, 미국인과 독일인은 각각 75%로 나타났다. 반면 멕시코인들은 45%만이 일상적으로 스트레스를 받는 것으로 나타나 가장 낮은 수치를 기록했다.

(네모안은 순위,일상적인 스트레스를 호소하는 응답자 비율%)

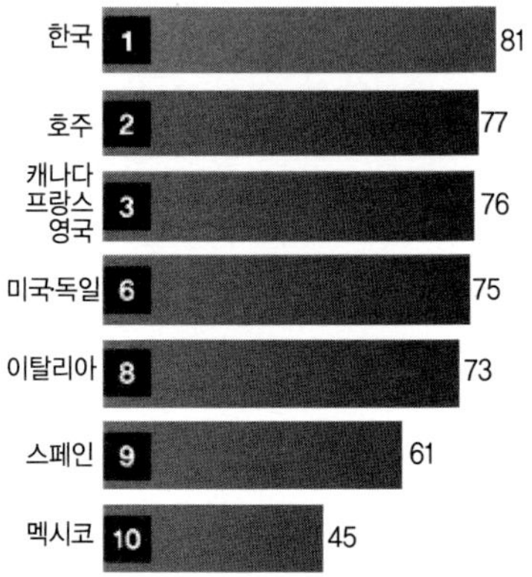


조사 결과에 따르면, 한국인들에게 스트레스를 가장 많이 주는 요인은 업무(33%)였고, 재정문제(28%)를 선택한 응답이 그 다음으로 많았다. AP통신은 한국인이 미래를 결정지을 수도 있는 치열한 대학입시 준비를 위해 방과 후에도 몇 시간씩 학원에서 강의를 들어야 하는 등 어려서부터 스트레스에 노출되고 있다고 지적했다. 또 대학을 졸업하더라도 마땅한 일자리가 없어 실업이 늘고, 치솟는 부동산 가격으로 집 한 채 마련하기 쉽지 않은 상황이 스트레스 요인이 된다고 덧붙였다. 한국인이 일하면서 피폐해지는 것은 어제 오늘의 이야기는 아니다. 삼성경제연구소는 그 이유로 한국인의 근로관이 업무보람과 인간관계의 만족도가 모두 낮은 '생계수단형'이기 때문이라고 진단한다. 일을 통해 경제발전에 기여하고 자녀를 교육하는 등의 성과를 거두고 있다. 하지만 그 과정에서 삶을 풍부하게 하기는 커녕 자기자신을 피폐케 한다는 분석이다. 이는 대한민국 직장인이라면 누구나 공감하는 대목이다. 아울러 어떻게든 거기에서 탈출하고자 처절하게 몸부림치고 있는 것도 엄연한 사실이다.

## 한국인 1일 평균 35명 자살

우리나라는 하루 평균 35명이 목숨 끊어 경제협력개발기구(OECD) 회원국 가운데 자살 사망률 1위라는 오명을 갖고 있다[5]. 최근 10년 새 자살자 수도 49% 증가해 더 이상 자살 문제를 방관할 수 없게 만든다. 2008년 한해 우리나라에서 자살한 사람은 1만 2,858명을 기록했다. 하루 자살자 수는 35.1명에 달한다.

OECD 회원국 통계를 보면 우리나라 인구 10만명 당 자살자 수는 2008년 24.3명에 달했다. 자살자 수가 가장 적은 그리스의 2.5명에 비하면 무려 10배에 달한다. OECD 30개 회원국 중 인구 10만명 당 자살자 수가 15명 미만인 나라가 24개국이다. 20명 이상은 우리나라를 제외하면 헝가리(21명)뿐이다. 더욱 심각한 것은 우리나라 자살자 수가 최근 들어 가파르게 늘고 있다는 점이다.

한국은 최근 수년간 OECD 회원국 중 자살률 1위라는 부끄러운 기록을 보유해온 국가가 되었다. 자살이 10대에서 교통사고에 이어 사망원인 2위에 오르고, 20대와 30대의 사망원인 중 각각 40.7%, 28.7%로 가장 높은 비중을 차지한다. 이는 미래 희망이자 경제활동의 핵심인력이 극단적인 상황으

5) 매일경제(2010.5.12)

로 내몰리고 있다는 것을 의미한다. 즉 한국의 성장 동력이 감소하고 있다는 것이다.

자살을 하게 되는 가장 큰 원인은 바로 우울증이다. 자살이 급증했다는 것은 한국이 살기 힘든 나라가 되어 우울한 사람이 많아졌다는 것을 뜻한다. 20대 가임여성의 출산율이 낮아지는 것을 포함해서 신생아 출산율이 감소하고 있다. 10대들은 학원과 영어공부에 몸살을 앓고 있다. 20대와 30대는 그렇게 많은 공부를 하여도 취직이 제대로 되지 않는 상황에 미래가 보장되지 않는다.

자살은 이렇게 국가적으로 피해를 줄 뿐만 아니라 한 가정을 파괴하게 하는 무서운 행위이다. 한국에서 많은 연애인, 기업가, 전문가 및 사회지도층 인사들이 자살하는 것도 우울증이 큰 원인이다. 정신과 진료를 할 때 외래 방문 중 가장 많은 것은 우울증 환자이다.

## 3. 오늘날 우울감, 의욕 및 흥미 상실 등 우울증에 시달리고 있는가?

### 우울증의 개념과 빈도

우울증은 마음의 병인 동시에 몸과 뇌의 병이다. 이것은 정신적인 증상뿐만 아니라 신체적인 증상도 생긴다. 우울감,

의욕 저하, 흥미 상실 같은 정신적인 증상 외에도 생리적 기능의 변화로 인해 생기는 소화 불량, 복통, 두통, 요통, 가슴 답답함 같은 신체적인 증상도 흔히 나타난다. 집중력이나 기억력 같은 인지 기능의 저하도 자주 생긴다. 그 중 우울감은 우울증의 대표적인 한 증상에 불과하다. 우울감을 느끼지 않는 우울증도 있다. 사람은 살아가는 동안 우울하거나 슬플 때가 있는 데, 단순히 한 동안 우울하거나 슬픈 것은 우울증이 아니다.

**우울증의 증상과 영향**

우울증은 분명한 병으로 뇌와 몸과 마음에 이상이 발생한 경우이다. 단순히 마음의 문제나 충격 또는 스트레스를 받아서 생긴 괴로운 상태가 아니다. 실제로 일반인이 '우울증'이라는 병과 정상적으로 '우울한 것'을 구별하는 것은 쉽지 않다. 전문적인 진단과 치료가 필요하다.

우울증은 매우 흔한 정신 건강 문제로서 누구나 언제든지 걸릴 수 있다. 남자보다는 여자가 두 배 정도 더 많이 걸린다. 여자의 10%~20%, 남자의 5%~12%가 살아가면서 적어도 한 번의 우울증을 앓게 된다. 우울증에 걸릴 확률은 인종, 교육 수준, 수입, 결혼 상태들과 관련이 없다. 그리고 어린이부터 노인에 이르기까지 모든 연령에서 발생한다. 특히, 암, 중풍, 심장병, 신부전, 당뇨, 고혈압과 같은 신체 질환이 있는 환자에서는 우울증 발생 빈도가 25% 이상으로 매우 높다.

## 우울증의 증상

우울증은 다양한 증상으로 나타나고, 사람에 따라서 차이가 난다. 불안이나 우울 같은 정신 증상이 주로 나타나는 경우도 있고, 두통, 가슴 두근거림, 소화불량 같은 신체에서 주로 드러나는 증상들도 있다. 집중력과 기억력 저하 같은 인지 증상이 주로 나타난다. 우울증에는 주 증상 9가지와 동반 증상들이 있다. 모든 우울증에서 똑같은 증상이 나타나는 것은 아니고, 개인에 따라 이들 가운데 몇 가지가 동시에 나타난다.

우울증의 증상

| 종 류 | 증상의 내용 |
|---|---|
| 주 증상 | ■ 우울한 기분, 삶의 귀찮음과 재미없음, 채중과 식욕변화<br>■ 불변 · 수면과다, 초조 · 지체, 피로감 · 무기력, 무가치감 · 죄책감<br>■ 집중력 · 결단력 저하, 죽음 생각과 자살충동 |
| 동반 증상 | ■ 짜증과 화를 잘냄, 상처 · 울음 잦음, 강박감 · 불안 · 초조 · 공포<br>■ 걱정과다, 건강 염려증, 두통, 복통, 관절통, 요통, 공포<br>■ 소화불량, 변비, 과민성 대장증상, 잦은 소변, 답답함 등 |
| 이차적 문제 | ■ 대인관계 어려움, 성기능 저하, 부부문제, 직업문제<br>■ 음주중독, 약물남용, 자살, 합병증, 심장질환 등 |
| 연령별 증상 | ■ 어린이 - 등교거부, 고집, 반항<br>■ 청소년 - 공부소홀, 반항, 가출, 비행<br>■ 갱년기 - 불안, 초조, 신체증상<br>■ 노년기 - 신체증상, 기억력 감퇴, 치매 등 |

## 우울증의 원인

우울증은 신체적, 정신적, 사회적 요인이 복합적으로 작용하여 발생한다. 최근에는 뇌 신경계의 기능 또는 구조의 변화가 중요한 원인이라고 생각한다. 이러한 변화가 생기면 우울증에 취약하게 되고, 이런 상태에서 촉발인자가 작용하면 우울증이 발생한다. 뇌 신경계의 변화가 심하면 촉발인자가 없어도 우울증이 저절로 생긴다. 이런 경우 환자들은 우울증에 걸릴 이유가 없는데 왜 우울증이 생겼느냐는 의문을 갖게 된다. 뇌 신경계의 기능 또는 구조가 우울증에 취약하게 변하는 것에 대해서는 여러가지 연구가 진행 중이다.

의학이 발달함에 따라 유전적인 영향, 신경 전달 과정의 변화, 뇌의 구조적 변화 등과 같은 생물학적인 요인이 우울증의 발생에 중요한 구실을 한다. 생물학적인 변화를 유발하는 우울증 약물들의 뛰어난 치료 효과도 생물학적인 원인론을 지지하는 하나의 근거이다. 첨단 진단 기술을 이용하면 우울증 환자의 뇌 기능 이상이 우울증 약물치료를 통해 원래 상태로 회복되는 것을 확인할 수 있다. 생물학적 연구는 우울증 치료 효율을 획기적으로 높임으로써 정신보건에 크게 기여하고 있다.

우울증의 촉발 인자는 다양하다. 당뇨병, 심장병, 암 같은 신체 질환이 있으면 우울 증상이 잘 나타난다. 고혈압 치료제 같은 의약품이나 마약 따위 약물들도 우울 증상을 일으킬 수 있다. 가까운 사람의 죽음이 우울증을 촉발할 수 있다. 사별 후에 지나치게 심하거나 길게 지속하는 슬픔과 비탄은 우울증으로 연결된다. 실직, 파산 등 사회적 스트레스도 우울증을 촉발할 수 있다. 산후 우울증에서는 출산이 우울증의 촉발 요인이 된다. 사람에 따라서는 특정 계절에 우울증이 발생하는 예도 있다. 원인과 관계없이 우울증 상태가 되면 뇌의 기능에 변화가 온다. 우울증이 치료되고 나면, 이러한 기능의 변화는 다시 원래 상태로 회복된다.

## 우울증의 진단

우울증을 진단하기 위해서는 우울증의 9가지 주 증상과 동반 증상 그리고 이차적인 문제 등 여러 가지 측면을 고려한다. 우울증은 매우 다양한 형태로 나타나기 때문에 우울증에 대한 일반적인 지식만 가지고 진단하는 것은 어렵다. 특히, 우울감이 없는 우울증이거나, 신체증상 같은 동반 증상이 두드러지거나, 이차적인 문제가 심각해진 경우에는 우울증이라는 것을 인식하기 어렵다. 우울증에 해당하는 증상이 2~3가지 이상 있다면 전문가를 만나서 상담하는 것이 좋다. 자가진단 프로그램을 이용하면 어느 정도 도움을 받을 수 있다. 우울증은 심각한 상태인 주요 우울 장애와 보다 가벼운 상태인 경도 우울 장애로 나누어진다.

우울증의 정의로 보면, 기분이 우울하지 않은 우울증도 있다. 실제로 우울하지는 않다고 하는 우울증 환자들이 있다. 우울한 기분은 우울증의 여러 증상 가운데 하나이다. 기분이 우울하지 않더라도, 나머지 증상들이 여러 개 있고 그로 인해 상당한 어려움을 겪는다면, 우울증이다. 즉, 기분이 우울하지 않은 우울증도 있다.

우울증의 진단

| 진 단 | 우울증의 증상내용 |
|---|---|
| 증상의 종류 | ① 우울한 기분<br>② 흥미상실, 의욕저하<br>③ 식욕 저하, 증가<br>④ 불면, 수면과다<br>⑤ 정신운동 지체, 초조감<br>⑥ 피로감, 무기력<br>⑦ 무가치감, 죄책감<br>⑧ 집중력저하, 결단력 부족<br>⑨ 죽음생각, 자살사고, 자살계획, 자살시도 |
| 진단 공통조건 | ■ 우울한 기분, 흥미상실 · 의욕저하의 두 가지 증상 중 반드시 하나 포함<br>■ 상당한 고통을 받거나 학업/업무 등 사회생활에 지장을 받거나 대인관계에 어려움이 발생 |
| 주요 우울장애 | ■ 우울증의 주요 증상 9가지 중 5가지 이상이 동시 2주 이상 지속 |
| 경도 우울장애 | ■ 우울증의 주요 증상 9가지 중 2-4가지 증상이 동시 2주 이상 지속 |

## 우울증의 치료

우울증은 마음의 병이기 때문에 마음으로 극복하면 된다는 생각은 매우 위험하다. 충분한 휴식을 취하거나 취미를 갖거나 여행을 하거나 마음을 굳게 먹으면 극복할 수 있다는, 주변 사람의 권유는 벼랑 끝에 서 있는 환자를 죽음의 골짜기로 내미는 것과 같다. 우울증 환자는 남들이 자신의 고통을 이해해주지 못하면서 쉽게 이야기하는 것에 대해 더욱 힘들어한다.

특히 심한 우울증은 반드시 전문적인 치료를 받는 것이 필요하다. 우울증 치료 방법에는 약물치료, 인지치료, 정신치료, 광 치료, 뇌자기 자극치료, 전기 자극치료 들이 있다. 약물치료는 효과가 빠르고 경제적이기 때문에 주된 치료법으로 사용되고 있다. 최근에 개발된 우울증 약물은 부작용이 거의 없고 장기간 복용해도 의존이나 내성이 생기지 않기 때문에 안전하다. 과거의 우울증 약물들은 졸리거나, 입이 마르거나, 변비가 생기거나, 체중이 증가하는 부작용이 있었다. 우울증 약은 독하고 오히려 기운이 더 빠진다는 이야기가 나오게 된 이유이다. 그러나 'Prozac' (대표적인 항우울증제)을 시작으로 이후 개발된 우울증 약물들은 이러한 부작용을 해결했다. 밤에는 잘 자고 낮에는 개운하게 지낼 수 있게 되었다. 식욕과 체중은 약물의 종류에 따라 늘릴 수도 줄일 수도 있게 되었다.

약물치료로 대부분 한 달 이내에 우울증의 주 증상과 동반 증상이 모두 좋아지고, 우울증의 이차적인 문제들도 해결된다. 약물치료를 시작하면, 며칠 사이에 불면, 불안 따위의 일부 증상이 좋아진다. 그리고 차츰 우울감, 의욕 저하, 집중력 저하 따위의 증상이 좋아지며, 몸과 마음이 가뿐해지고 활력이 생긴다. 공부나 일을 이전과 같이 잘할 수 있게 되고, 대인관계도 원만하다. 청소년기 우울증의 반항적인 증상도 없어지고, 노년기의 기억력 저하도 회복된다. 여러 가지 신체증상도 좋아지고, 우울 증상이 호전되면서 사회적 기능도 정상으로 돌아온다.

## 우울증의 경과

대부분 우울증은 치료를 받으면 한 달 안에 건강할 때의 상태로 회복된다. 그러나 우울증은 잘 재발한다. 특히, 초기에 치료를 받지 않거나 치료를 너무 빨리 중단한 경우에 쉽게 재발한다. 치료를 받지 않은 채 1년 이상 버려두면 재발할 확률이 높다. 만성이 되면 치료가 어려워지기 때문에 전체적인 경과가 좋지 않다. 따라서 우울증은 조기에 발견하여 조기에 치료하는 것이 중요하다. 우울증 환자한테서 우울증과 반대 상태인 '조울증'이 발생하면 진단이 우울증에서 "조울증"으로 바뀌게 되고 그 치료도 달라진다.

*** 우울증 극복을 위한 10가지 수칙**

❶ 이것 아니면 저것이라는 이분법적 사고를 버려라.
❷ 가족과 대화를 많이 하라.
❸ 가족과 이야기 힘든 것은 친구와 대화하라.
❹ 스트레스를 술로 풀려 하지 마라. 술을 마시면 그때뿐, 다음 날 더 우울해진다.
❺ 스트레스가 있으면 운동을 통해서 풀어라.
❻ 직장 일을 집에서 고민하지 마라. 일에서 벗어나는 시간이 필요하다.
❼ 햇볕을 많이 쬐라. 일광에 노출되는 시간이 늘수록 기분이 좋아진다.
❽ 충분한 수면을 취하라.
❾ 규칙적인 식사를 하라.
❿ 4주 이상 우울한 기분이 지속되면 정신과 전문의의 도움을 받아라.

# 4. 일상생활에서 스트레스를 잘 다스리는가?[6)]

## 스트레스의 개요

스트레스는 우리가 다양한 상황 변화 삶의 요구에 대해서 신체적 정신적 감정적으로 반응하는 방식이다. 스트레스는 일상적인 삶 일부이며 크거나 작다. 위기와 삶을 변화시키는 사건이고 일상의 다툼과 동반된다. 스트레스에 동반되는 긴장을 정기적으로 풀어주지 못하면 신체·정신적 질환의 위험성을 높인다.

## 신체에 대한 스트레스의 작용

처음의 경고신호로써 뇌하수체와 부신피질에서 분비되는 화학적 물질이 있다. 그리고 신경 말단자체에서 자동으로 스트레스에 대한 신체반응을 유발한다.

**✻ 신체에 대한 스트레스의 작용 🕮**

- 심장박동 빠름, 혈압상승, 호흡 빠름
- 느린 소화 작용, 심하게 땀 흘림, 동공 확대

우리의 몸은 긴장하고 경계태세를 갖추고 행동할 준비를

6) 국민건강보험공단(2009), pp.350-353.

한다. 실제로 존재하는 혹은 인식된 위협에 대한 자연적인 경고반응 후에 우리 몸은 위험이 지나갔다고 생각이 들 때까지 경계심을 갖게 된다. 뇌가 모든 것이 끝났다는 신호를 몸에 보낸다. 그러면 신체적 반응을 유발하는 화학물질을 만드는 것을 중단하고 서서히 정상상태로 돌아간다. 문제는 뇌가 모든 것이 끝났다는 신호를 보내는 데 실패할 때 생긴다. 경계상태가 지나치게 오래가면 우리는 지속적인 스트레스로 탓에 고통을 받기 시작한다. 스트레스와 신체건강 문제 사이의 관계를 알기는 어렵다. 왜냐하면, 오랫동안 지속하여 온 스트레스의 영향은 미미하고 느리기 때문이다. 그러나 의학 각 분야의 전문가들은 스트레스와 질병 간의 상관관계를 밝히고 있다.

## 스트레스에 강해지기

어떤 사람들은 스트레스에 좀 더 잘 대처하는 것처럼 보인다. 여러 연구는 스트레스에 덜 걸리고 강한 사람들의 네 가지 개인적 특징을 밝혀냈다.

**✱ 스트레스에 강한 사람의 특징**

- 자신 일, 가족, 다른 가치에 대해서 강인한 책임감을 가짐.
- 자신의 삶을 통제할 수 있다고 생각함.
- 삶의 변화를 위협으로 도전이라고 간주함.
- 강한 지지조직과 친밀한 관계를 유지함.

스트레스에 강해지도록 노력하는 것은 당장 시작할 수 있다. 자신이 할 수 있다고 긍정적으로 생각하는 것이 아주 중요하다. 도전할 수 있는 인생의 한 영역에 한 번에 하나씩 접근해간다. 자신과 주변 사람들을 위해서 모든 것을 더 좋게 만들기로 한다. 자신이 통제할 수 있는 것과 할 수 없는 것을 알고 일어나는 변화를 받아들이며 그것들을 다룰 수 있다고 생각한다. 지지조직에 자신이 필요한 도움을 요청하고 자신의 계획에 대해 들어줄 사람이 있는지 알아본다. 자신이 인생의 도전적인 한 부분에서 통제력을 얻게 되면, 추가로 부딪치는 일에도 좀 더 시간과 에너지를 쏟을 수 있다.

## 스트레스의 인식

스트레스의 징후는 보통 고전적이다. 증상을 보면, 머리가 아프고 목이 뻣뻣하고 허리가 아프다. 가쁘게 숨을 쉬거나 손바닥에서 땀이 나고 위가 아프다. 예민해지고 작은 어려움에도 견디지 못한다. 쉽게 분노하고 이유도 없이 가족에게 소리를 지른다. 심장박동수가 빨라지고 항상 과민하고 지쳐 있으며, 집중하기 어려운 증상이 나타난다. 이런 증상이 나타나면 스트레스의 징후임을 알아차리고 그들을 다루는 방법을 발견해야 한다. 자신이 그렇다는 것을 느끼는 이유를 아는 것만도 문제에 대처하는 아주 우선적인 단계이다.

## 스트레스 증상의 관리

어떤 사람들은 흡연, 음주, 과식, 약물, 혹은 침묵으로 스트레스 증상을 완화하려고 한다. 또한, 스트레스에 반응하여 폭력적이거나 학대하는 성격이 된다. 이러한 대처방법은 해로운 부작용을 일으킨다. 스트레스 증상을 다루는 방법을 배움으로써 자신이나 타인에게 피해를 주지 않으면서 자신 삶의 질을 향상시킬 수 있다.

**❀ 스트레스 증상 관리하기 🕮**

❶ 자신을 표현하기 - 배우자나 좋은 친구와 대화, 글쓰기나 예술을 통한 자기 표현.
❷ 울음 - 감정적 치유과정의 일부, 긴장 완화효과.
❸ 움직이기 - 힘찬 도보는 빠른 심장박동수와 긴장근육의 완화에 도움되며 스트레스 수준을 낮춤.
❹ 자신의 몸과 마음에 친절해지기 - 충분한 수면, 균형있는 영향음식 섭취, 자신이 좋아하는 일 행함.

## 스트레스 해소와 이완용법

스트레스를 관리하기 위해서 어떤 것을 하든지 이완요법을 규칙적으로 쓰면 도움이 된다. 다음 세 가지 이완요법과 명상은 가장 간단하면서도 효과적인 방법이다. 하루에 한두 번 20분씩 하게 된다. 방해받지 않는 시간을 골라서 시행한다. 일단 몸과 마음의 이완요법을 터득하면 자신이 원할 때마다 같은 이완상태를 만들 수 있다.

1 호흡

우리가 숨 쉬는 방식은 전신에 영향을 미친다. 크고 깊은 호흡은 긴장을 줄이고 몸을 이완시키는 좋은 방법이다. 이러한 호흡방법은 자신의 폐 전체를 사용하고 호흡리듬을 맞추게 한다. 어떤 자세로도 연습할 수 있으며 무릎을 굽히고 등을 대고 누운 자세가 가장 좋다.

① 왼손은 배 위에 놓고 오른손은 가슴에 둔다. 숨을 들이쉬고 내 쉴 때 손이 어떻게 움직이는지 느껴 본다.

② 숨을 들이쉴 때는 왼손은 위로 올라가지만, 오른손은 그대로 있도록 폐의 아랫 부분을 부풀리도록 연습한다.

③ 8~10회 숨을 들이쉬고 내 쉴 때 호흡에 두 번째 단계를 추가한다. 이전처럼 폐 아랫 부분에 숨을 들이마시고 그 다음에 폐의 윗 부분을 채우도록 계속 들이쉰다. 그러면 오른손이 위로 올라가고 왼손은 배가 꺼지면서 조금 내려간다.

④ 입으로 숨을 천천히 내쉬면서 처음 왼손이 내려갈 때 '휙' 하는 소리를 내고 다음에 오른손이 내려가게 내쉰다.

⑤ 이런 방법으로 들이쉬고 내쉬면서 호흡하는 것을 3~5분가량 연습한다. 배와 가슴의 움직임이 리듬감 있게 올라가고 내려가는 파도와 같다는 것을 느끼게 된다. 이 호흡법은 어디서든 몇 주간 매일 연습하면 자신이 원하는 때마다 언제든지 즉각적인 이완을 가져올 수 있다.

② 지속적인 근육 이완

스트레스가 있는 생각이나 상황에 대해 신체는 근육긴장으로 반응하고 그것이 통증이나 불편감을 유발한다. 근육 이완은 근육긴장과 일반적인 정신적 불안을 줄인다. 지속적인 근육 이완은 스트레스와 관련된 건강문제를 개선하는 데 효과적이며 때로는 잠이 드는데도 도움이 된다.

- ❒ 손: 주먹을 쥔다.
- ❒ 손목과 팔: 손목과 팔을 쭉 펴고 손은 손목 뒤로 굽힌다.
- ❒ 이두박근과 윗 팔: 주먹을 쥐고 팔꿈치를 구부리고 이두박근을 굽힌다.
- ❒ 어깨: 어깨를 으쓱해본다. 팔과 어깨의 긴장도를 파악한다.
- ❒ 이마: 깊은 주름을 지어 본다.
- ❒ 눈 주위와 미간: 눈은 꽉 감는다. 하기 전에 콘택트렌즈는 뺀다.
- ❒ 빰과 턱: 이가 드러나게 활짝 웃는 표정을 짓는다.
- ❒ 입 주위: 입술을 꽉 문다. 얼굴주위의 긴장을 확인한다.
- ❒ 목 뒤쪽: 머리 뒷부분을 바닥에 대고 누른다.
- ❒ 목 앞쪽: 턱을 가슴에 댄 다. 목과 머리의 긴장도를 조사한다.
- ❒ 가슴: 숨을 깊이들이 쉬고 참는다. 잠시 후 내 쉰다.
- ❒ 등: 누운 상태에서 바닥에 등을 떼고 아치형으로 만든다.

- ❒ 배: 배에 힘을 주어 배를 단단하게 집어넣는다. 가슴과 복부 부분의 긴장도를 검사한다.
- ❒ 엉덩이: 엉덩이에 단단히 힘을 준다.
- ❒ 허벅지: 허벅지에 단단히 힘을 준다.
- ❒ 다리: 발끝을 머리에 닿을 정도로 끌어 올린다. 그런 다음 발끝을 움직여 머리반대 쪽으로 굽힌다. 허리 뒤쪽의 긴장도를 점검한다. 끝난 후 5에서부터 1까지 거꾸로 세면서 긴장된 상태로 돌아간다.

### 3 이완반응

이완반응은 정확하게 스트레스 반응의 반대이다. 이완반응은 심장박동 속도를 늦추는 것이고 혈압을 낮추며 근육의 긴장을 풀어 준다.

### ☀ 이완 기술 ☀

① 편안하게 스트레칭 할 수 있는 장소에 누워서 두 눈을 감는다.

② 지속적인 근육 이완법을 시작한다.

③ 자신의 호흡을 인식한다. 숨을 내쉴 때마다 "하나"하고 크게 혹은 조용하게 말 한다. 가슴으로 숨을 쉬지 말고 복식호흡을 한다. 지속적으로 반복하는 단어에 집중하는 대신 한 가지 물체를 응시할 수 있다. 어떤 정신적 자극도 마음을 정화하는 데 도움이 된다. 이것을 10분 20분 동안 지속한다. 혼란스러운 생각이 든다고 그 생각과 함께하지 않고, 생각이

떠나가도록 한다.

④ 눈을 뜰 준비가 될 때까지 몇 분 동안 조용하게 앉아 있는다.

⑤ 자신의 호흡과 맥박에 변화가 있음을 느낀다. 깊이 이완되는 것에 대하여 걱정할 필요는 없다. 이 연습에서 중요한 것은 수동성을 유지하고 혼란스러운 생각이 바닷가의 파도처럼 쓸려나가도록 가만히 놔두는 것이다.

**✻ 스트레스 퇴치를 위한 10가지 수칙 🕮**

❶ 부드러운 대화법을 사용하라.
❷ 우선순위를 정해서 일하라.
❸ 문제의 원인을 찾고, 해결을 위해 나서라.
❹ 규칙적인 운동을 하라.
❺ 충분한 수면을 취하라.
❻ 규칙적이고 균형 있는 식사를 하라.
❼ 술과 담배를 피하라. 건강만 해칠 뿐이다.
❽ 심호흡, 묵상, 스트레칭 등 몸과 마음을 풀어라..
❾ 스포츠, 취미활동 등 당신이 좋아하는 시간을 만들어라.
❿ 자신을 도와줄 수 있는 사람들과 만나라. 특히 기도를 통해 주님을 만나고 대화하라.

## 5. 건강한 정신으로 몸을 잘 관리하는가?

정신 건강과 신체 건강 간에는 아주 밀접한 관계가 있다. 아주 오래전부터 의학은 마음 상태와 정신과 육체 건강 사이의 관련성에 대하여 연구했다. 연구자들은 뇌의 기능 중 하나는 건강을 증진하는 물질을 생산해 내는 것을 발견하였다. 뇌는 자연적인 진통제인 엔도르핀(면역 체계를 강화시키는 감마글로불린, 감염, 바이러스, 심지어는 암과도 싸우는 인터페론)을 생산한다. 뇌는 이러한 물질과 다른 물질을 결합해 우리의 고통이 어떤 것이든 그에 맞는 엄청난 수의 처방을 하게 된다.

뇌에서 생산하는 이런 물질은 우리의 생각, 감정, 기대에 따라서 달라진다. 만약 질병이나 생활 전반에 대해 부정적이거나 상황이 좋아지겠다고 기대하지 않는다. 그러면 뇌는 몸이 치유되는 데 필요한 충분한 양의 물질을 만들어내지 않을 수 있다. 또한, 동양의학에서 좋지 않은 정서 상태가 병을 일으키기도 하고, 좋지 못한 마음이 있던 병을 더 악화시킨다는 것이 상식화되어 있다. 태도와 기대가 좀 더 긍정적이면 뇌는 몸의 치유력을 북돋울 만큼 충분한 물질을 만들어 낸다. 또한, 신체적 건강은 뇌가 정신적 참살이(well-being)에 영향을 주는 물질을 만들어내는데 영향을 미친다. 장기간의 신체적 스트레스를 유발하는 질병이나 외상은 뇌에서 화학적 불균형을 만들어서 우울증이나 다른 정신건강 문제에 이른다. 예를 들면, 정신 건강과 신체 건강 간의 관계에 대한 두 가지의 대표적인 연구사례인 좋지 않은 정서 '분노'와 '우울'을 중심으로 살펴본다.7)

## 분노와 신체건강

개인이 분노를 표출하지 못하고 억제하면, 자율신경계와 심혈관계에서 만성적인 활성화가 초래된다. 이러한 상태가 지속하면 결과적으로 심혈관계에 영향을 준다. 분노가 우리의 건강에 미치는 영향을 생각할 수 있다.

① 분노는 혈관을 수축시키고, 심박출량을 증가시킨다. 또한, 콜레스테롤 수준을 증가시킴으로써 심혈관계 질환의 위험률을 높인다. ② 분노는 대인관계를 악화시킨다. 이렇게 좋지 못한 대인관계는 일반적으로 스트레스로 경험되기 때문에 결과적으로 건강을 해친다. ③ 분노는 음주와 흡연 같은 건강치 못한 행동을 증가시킴으로써 건강을 상하게 한다.

## 우울과 신체건강

보통 우울 상태는 면역 체계를 저하시킨다. 예컨대 우울할수록 B 세포와 T 세포의 수가 적게 나타나거나, 자연 살생 세포의 수준이 낮게 나타난다. 반면에 우울 상태가 호전될수록 자연 살생 세포의 비율과 활동이 증가한다. 일반적으로 면역 체계가 저하되었을 때 질병의 발생이나 악화가 촉진된다.

7) 서울대학교 정신건강센터 http://wellbeing4u.snu.ac.kr

이 관점에서 보면, 우울은 면역 체계의 저하를 가져오며, 이것은 결과적으로 질병의 악화로 이어진다.

## 심근경색과 정신건강

일본에서 급성 심근경색 환자 수는 1992년부터 1994년까지 매년 비슷한 수준으로 유지되었다. 하지만, 1995년 고베 지진이 발생한 당시에 급성 심근경색 환자 수는 무려 3배 이상으로 급격히 증가하였다. 심근경색과 정신건강은 밀접한 관계를 가진다. 이를 테면, 심근 경색을 이미 앓고 있는 환자를 두 그룹으로 나누어 사망률을 비교하였다. 한쪽은 우울증이 있는 그룹, 다른 한쪽은 우울증이 없는 일반 환자 그룹으

심근경색환자에서 우울증의 영향

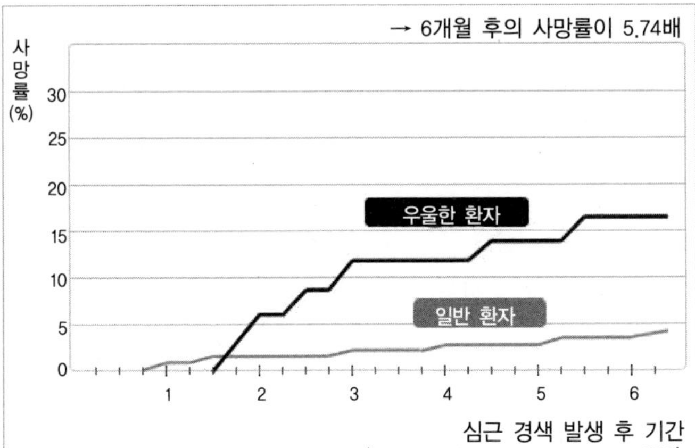


(Frasure-Smith et al, JAMA 1993)

로 나누었다. 가로축은 심근경색이 발생한 후부터의 기간을, 세로축은 사망률을 나타낸다. 급성 심근경색이 발생한 후의 사망률을 6개월간 비교해보면, 우울증을 동반하는 환자는 그렇지 않은 경우보다 사망률이 약 6배나 높았다.

긍정적 태도를 보인 사람은 일반적으로 인생을 더 많이 즐기고 더욱 건강하다. 즉 낙관주의는 치유의 원천이다. 낙관주의는 의학적 치료의 결과를 향상하기 위해 노력하면서 고통과 역경을 좀 더 잘 견디도록 한다. 예를 들어 낙관적인 환자가 관상동맥 우회술을 받은 경우, 그렇지 않은 이들보다 더 빨리 회복되고 수술 후의 합병증도 적다.

## 몸과 마음의 건강을 위한 3가지 방법[8)]

1 건강과 치유에 관한 긍정적인 기대를 한다.

정신적, 감정적인 긍정의 기대감은 의학적인 결과에 영향을 준다. 어떤 의학적 치료 효과도 자신이 기대하는 정도에 따라 달라진다. 위약 효과(placebo)가 이것을 증명한다. 위약효과란 환자가 그것이 도움될 거라고 믿는다는 것을 빼고는 의학적인 이익이 없는 약이나 치료이다. 평균적으로 위약을 받은 35%의 환자가 심지어 실제 약을 받지 않음에도 만족스러운 위안을 얻었다고 보고되었다. 자신의 기대를 부정적인 것에서 긍정적인 것으로 바꾸는 것은 신체적 건강 향상에 큰 도움이 된다.

8) 국민건강보험공단(2009), pp.349-350.

**✽ 긍적적인 생각의 몸 건강법 📖**

❶ 부정적인 내용의 혼잣말을 모두 멈춘다. 자신의 회복을 촉진할 수 있는 긍정적인 문장을 만든다.

❷ 자기 자신에게 한결 같은 긍정 문장을 준다. 자기 자신에 '나는 가능성 있는 사람이다.' 또는 '내 관절은 강하고 유연하다.'와 같은 것이다.

❸ 건강과 치료를 눈에 보이게 한다. 자신의 긍정적 확신을 지지하는 정신적인 그림을 그리고 더한다.

❹ 죄의식을 느끼지 않는다. 건강 문제에 죄의식을 갖는 것은 가치 없는 일이다.

2 자기 자신을 유머, 우정 및 사랑에 접하도록 한다.

긍정적인 감정은 건강을 돋우어 준다. 자신에 대해 좋은 감정을 느끼게 하는 것 대부분이 건강을 지키는 데 도움이 된다.

① 웃자! 작은 유머가 인생을 보다 풍성하고 건강하게 만든다. 웃는 사람은 창조성이 커지고 통증이 줄어들며 치료 속도가 빨라진다. 재미있는 비디오테이프, 농담, 만화, 사진 등 웃음을 줄 수 있는 것들을 갖춰 둔다.

② 친구들을 찾는다. 우정은 건강에 필수적인 요소이다. 친밀한 사회적 연대감은 질병에서 빨리 회복하도록 도와주고, 질병의 위험성을 줄여준다.

③ 자원봉사를 한다. 자원봉사를 하는 사람들이 하지 않는 사람들에 비해서 오래 살고 인생을 더욱 즐긴다. 다른 사람을 도움으로써 자신이 도움을 얻게 된다.

④ 식물을 심고 애완동물을 기른다. 식물과 애완동물은 치

료적 효과가 크다. 동물을 쓰다듬을 때 혈압이 내려가고 심장 박동이 느려진다.

③ 영적인 것에 호소한다.

만약 여러분이 높은 차원의 힘인 종교, 신의 존재 등을 믿는다면 자신이 치료와 건강에 대해 갈구하는 것을 지지해 주도록 요청한다. 신뢰, 기도, 영적인 믿음은 병에서 회복되는 데 매우 중요한 역할을 한다.

### ✱ 정신건강을 위한 10가지 수칙

❶ 긍정적으로 세상을 본다. 동전에는 양면이 있다는 사실을 믿게 한다.
❷ 감사하는 마음으로 산다. 생활에 활력이 된다.
❸ 반갑게 마음에 담긴 인사를 한다. 내 마음이 따뜻해지고 성공의 바탕이 된다.
❹ 하루 세끼 맛있게 천천히 식사한다. 건강의 기본이며 즐거움의 샘이다.
❺ 상대의 입장에서 생각해 본다. 핏대를 올릴 일이 없어진다.
❻ 누구라도 칭찬한다. 칭찬하는 만큼 내게 자신이 생기고 결국 그 칭찬은 내게 돌아온다.
❼ 약속시간엔 가서 여유 있게 기다린다. 오금이 달지 않아 좋고 신용이 쌓인다.
❽ 일부러라도 웃는 표정을 짓는다. 웃는 표정만으로도 기분이 밝아진다.
❾ 원칙대로 정직하게 산다. 거짓말을 하면 죄책감 때문에 불안해지기 쉽다.
❿ 때로는 손해 볼 줄도 알아야 한다. 당장 내속이 편하고 언젠가는 큰 것으로 돌아온다.

## ✿ 성공적 정신관리 주인공 1

☀ 우리나라 최초의 맹인 박사인 강영우씨9) ☀

그는 중학교 1학년 때 축구공에 맞아 실명을 하게 되었다. 사고 충격으로 어머니가 돌아가시고 아버지마저 세상을 떠났다. 생계가 막막해지자 누나가 학교를 그만 두고 공장에 취업했으나 과로로 쓰러져 누나마저 죽었다. 어린 동생과 함께 보듬으며 맹인재활센터에 들어가 18살이 돼서야 중등과정 맹인학교에 들어갔다. 동기들 보다 5년 늦게 학업을 시작한 그는 고등부를 마치고 연세대 교육학과에 입학했다.

갑자기 닥친 장애로 한 때 실의의 시간을 보냈지만, 그가 그대로 좌절했다면 오늘의 영광은 없었을 것이다. 그는 맹인 최초 전액 장학생 자격으로 미국으로 유학가 3년 6개월 만에 교육철학 박사가 되었고 일리노이대학 교수로 임용되었다.

그 후 부시 전 대통령 시절 미국 장애위원회 정책차관보를 맡아 세계의 장애인정책을 움직였다. 그는 "천대와 멸시, 편견과 시선 속에서도 나는 포기하지 않고 하나의 꿈을 간직했다. 정상인이든 장애인이든 누구나 성공의 잠재력을 갖고 있다. 다만 그것을 찾아내고 개발하지 않을 뿐"이다.

9) 뉴시스(2009. 5. 13).

## ✿ 성공적 정신관리 주인공 2

☀ 한국판 호킹박사 서울대 이상묵 교수[10] ☀

우리나라에도 '한국판 호킹 박사'가 있다. 2006년 7월 제자들과 함께 지질 조사에 나섰던 서울대 이상묵 교수는 자동차가 전복되는 바람에 전신이 마비되는 교통사고를 당하였다. 움직이지도, 감각을 느끼지도 못하지만 그는 "모든 걸 잃은 줄 알았더니 최소한의 부분은 남겨놨더라. 다쳤지만 나에게 진짜 하고 싶은 이 직업을 주었고 그것을 할 수 있는 최소한의 머리를 남겨 준 하늘에 감사한다."며 암울한 상황에서 희망을 찾아냈다. 사고 2년여 만인 2008년 12월 미국 샌프란시스코에서 열린 지구물리학회 총회에 참석해 자연과학자로서의 복귀를 알리었다.

10) 중앙일보(2011. 4. 20).

## ✿ 성공적 정신관리 주인공 3

☀ 이상재 나사렛대 교수[11] ☀

2009년 장애인의 날을 맞아 올해의 장애인상을 받은 이상재 나사렛대 교수 역시 미국의 3대 음악대학인 피바디 음대에서 클라리넷으로 박사학위를 받은 실력파로 "하루하루를 투쟁하듯 살아왔다."라고 회고하였다. 7살 때 교통사고로 시력을 잃고 방황을 겪었으나 음악에서 길을 찾고 인고의 시간을 악보와 싸워왔다. 선생이 악보를 불러 주면 점자로 찍어 모두 외웠고 어머니는 대학 교재를 일일이 읽어 녹음해 그의 공부를 도왔다. 참으로 긴 시간이었으나 내가 눈을 뜨겠다거나 비장애인처럼 살겠다는 생각보다는 자신 스스로 장애를 극복해 사회에 쓰임이 되겠다는 꿈으로 살아 왔다.

우리가 알고 있는 장애인들의 영웅담은 이뿐이 아니었다. 이들의 이야기는 우리에게 많은 것을 느끼게 하고 감동을 준다. 우리가 너무 안이하게 시간을 보내는 것이 아닌지 자신을 뒤돌아보고 반성하는 계기를 준다. 또 우리가 이들을 위해 무엇을 해야 할지 생각해 보는 시간을 보여준다.

미국의 한 보조공학센터 연구원은 "우리는 모두 언제든지 사고를 만나거나 나이가 들어 신체 움직임이 자유롭지 못하는 불편을 경험할 수 있다. 하지만, 이전처럼 사회의 일원으로 독자적인 삶을 살아갈 수 있길 바라는 것이 공통된 생각

11) 미디어다음(2009. 4. 19).

이다. 편리함과 아름다움을 갖춘 보조기기를 개발하고 장애인들이 불편 없이 살아갈 수 있는 환경을 만드는 것은 우리들의 몫"이라며 이젠 장애인도 비장애인 못지않은 생활을 할 수 있다고 강조한다.

## 다시 생각하기 !

건강한 정신, 또는 마음은 삶에 보람을 가져온다. 정신건강은 정신적으로 병이 없는 상태를 말한다. 이러한 정신은 마음의 상태가 정상적이고 평온하다. 정신적인 병리상태는 비정상적인 사고, 감정, 의식과 지각 따위를 의미한다. 정신적으로 병이 있으면 마음이 불안하다. 사람이 가지는 망상은 사고장애의 한 예라면, 우울증은 감정적인 장애의 대표적인 예이다.

오늘날 한국사회에서 중고생이나 직장인의 우울증, 스트레스 및 자살현상은 매우 심각하다. 중고생의 절반과 직장인의 70% 이상이 우울 증세를 보이고 있다. 직장인의 우울증, 스트레스 및 자살현상은 더욱 심각한 상황이다. 이로 말미암아 자살증가도 심각하다. 한국인의 80%는 일상적인 스트레스를 받고 있다. 특히 한국인의 1일 자살자수는 2008년에 35명으로 OECD 회원국에서 1위이다. 오늘날 우울감, 의욕 및 흥미상실 등 우울증에 시달리는가 점검할 필요가 있다. 우울증은 매우 흔한 정신건강 문제로 누구나 걸릴 수 있다. 우울 증세를 알고 잘 진단하여 치료받아야 한다.

일상생활에서 받는 스트레스를 잘 관리한다. 신체에 동반되는 긴장을 풀어주고 신체적, 정신적인 질환의 위험성을 낮춘다. 건강한 정신은 몸을 더욱 건강하게 만든다. 태도와 기대가 긍정적이면 몸의 치유능력이 좋아진다. 분노, 우울증과 심근경색은 신체건강에 많은 악영향을 미친다.

제 6장

# 건강한 영은 영원한 생명과 진정한 행복을 가져온다.

1. 인간은 근본적으로 무엇을 갈망하는가?
2. 인간의 진정한 행복은 어디에 있는가?
3. 하나님과 예수님은 누구시며 왜 믿어야 하는가?
4. 영원한 생명과 진정한 행복을 가지려면 어떻게 해야 하는가?
5. 건강한 영적 생활을 위하며 성령 안에서 생활하고 있는가?
6. 영적 건강상태를 종합적으로 진단하고 있는가?

# 1. 인간은 근본적으로 무엇을 갈망하는가?

## 인간의 죄와 종교관

어느 철학자는 인간은 의심하며 죄악 된 존재라고 말한다. 지식인은 개인의 지식을 맹신하거나 자만하는 경향이 강하다. 현대 사회는 자신의 의견과 사상을 절대시하는 주장도 많다. 그래서 경험적 지식을 중시하는 성향이 인간을 교만하게 만들고 진리를 상대화시킨다. 지적 탐구력이 거의 없는 사람도 상황과 사물에 대하여 보통 성급한 판단과 결론으로 상대적 진리들을 부산물로 만들어 낸다. 특히 종교에서 개인적인 인간경험으로 서슴없이 신의 존재를 말하고 평가한다.

인터넷을 보면 기독교 또는 다른 종교에 비판적이며 냉소적인 글들이 많다. 보통 반박의 가치가 적은 내용도 다분하다. 그러나 놀라운 공통적인 사실은 각자 확고한 믿음을 가지고 적은 내용들이다. 각자 개인적인 경험, 타인한테서 들은 내용 또는 책의 정보를 인용하여 종교적 본질과 가치를 일반화시키는 위험성이 있다. 감정적으로 굳어진 지식을 일반화 또는 이론화하려는 시도는 많은 심각한 개인 및 사회문제를 유발한다.

## 하나님의 절대적 존재성

신의 존재를 증명하는 것은 정말로 객관적인 작업이 아니다. 세상에서 수많은 개인적인 경험들에 따르면, 진정한 신은 오로지 하나님 한 분이다. 개인경험과 지식에서 나온 진리의 발견이므로 모든 사람에게 통용되지 못한다. 성경도 하나님 외의 다른 신에 대해서 말한다. 그러나 타협과 비교의 여지없이 절대적인 하나님과 동등 시 되는 신이 아니다. 신의 모습은 경험을 통해서 발견되기 때문에 많은 사람이 신에 대해서 말하고 증명한다.

그러면 경험을 통한 증명의 대상인 신은 누구인가? 단 하나의 경험적 진리는, 하나님은 정말로 '존재하시는' 하나님이다. 하나님은 모든 만유의 주인, 모든 신중의 신이며 기타 모든 신은 헛된 우상에 불과하다. 하나님과 기독교를 비난하고 싶다면 경험을 통해서 체험하는 것이 좋다. 하나님 존재의 본질을 알면 비난도 가능하다. 여러 사람이 자신의 경험을 합리화하기 위해서 "나도 교회에 출석하고 성경도 읽어봐서 아는데"라고 말한다. 이것은 단순히 본질을 파악하기보다는 일단 현상을 본 것이다. 성도가 교회에 출석하는 것은 그리스도 몸의 한 지체가 되어 거룩하게 신앙생활을 하는 것이다. 이 과정에서 예수님의 명령에 순종하고 성령의 능력으로 생활한다. 즉 예수님과 기도와 말씀을 통한 직·간접적인 대화 없이는 진정한 교회생활을 경험하지 못한다. 교회는 다니는 것이 아니라 속하는 곳이다.

많은 사람은 교회를 "다녀봤다"라고 말하는 전제는 그 시작부터가 불완전하다. 혹자는 "당신은 어떠하냐? 다른 신의 존재를 부정할 만큼 경험이 많으냐?"고 반문한다. 지구촌의 수많은 사람이 "네"라고 대답한다. 인간은 이성적으로 창조되었고 종교의 자유를 갖고 있다. 객관적으로 신의 존재에 대하여 고민할 필요가 있다. 그래서 다른 종교의 사원에도 출입하고 주술적 행위에도 관심이 있다. 이러한 활동은 하나님을 경험하면 그만두고 변하게 된다. 개인의 이성과 사고방식 내에서 가능하던 신의 존재가 아니다. 직관과 경험을 통하여 하나님의 존재를 체험하는 것이다.

하나님의 절대적 존재성에 대하여 경험하면 인생에서 극적인 전환이 발생한다. 사람이 영적 세계에 대한 관심을 두면 생명의 근원을 발견한다. 인간의 출생과 생활은 우연적이며 진화적이 아니라 창조적이다. 하나님의 존재에 대한 직관적, 영적인 경험은 인간세계의 학문으로 모두 증명하고 이해하기 어렵다. 단지 인간의 영 · 혼 · 육 부문에 대한 경험을 통하여 하나님의 계획과 인간본질에 대하여 알게 된다. 아무리 세상의 모든 학문과 가치를 탐구하여도 하나님께 도달할 수 없다. 이것은 학식과 이성이 아닌, 직관을 통해 얻는다.

물론 많은 사람에게 하나님의 존재는 다른 신과 같게 여겨진다. 하나님의 개인경험을 통하여 이에 대한 근본적인 다른 생각을 깨닫는다. 개인의 경험을 한심하고 편협한 것으로 단정하지는 못한다. 경험하면 정확히 알고 해답을 찾는다. 따라서 교회를 다녀본 것이 하나님을 경험한 것은 아니다. 모든 사람이 기독교인일 수는 없다. 기독교를 비난하는 모든 사람이 기독교와 하나님을 경험하지 못하고 있다. 단지, 기독교를 비평 및 비난하려면, 이에 맞는 개인적인 사유와 경험이 요구된다. 인간의 모든 지식이 경험에서만 비롯되면 인간은 정말 볼품없는 삶을 영위한다. 종교는 개인의 가치가 내려야 하는 판단이며 주관적인 종교영역에서 경험은 절대적으로 필요하다. 종교 및 신앙은 단순히 학문과 지식으로 해결되는 문제가 아니고 이론으로 충분한 상태로 남아 있다.

## 믿음의 자세와 태도

어떠한 종교를 믿거든 형식적인 종교인의 자세를 벗어나 자신의 종교에 대한 확신 있는 믿음이 중요하다. 현대인은 개인적으로 종교적 신념과 가치관에 따라 생활에서 실천하고 행동하는 사람이 적다. 오늘날에는 즉흥적이며 감성적인 삶보다는 자기 스스로 삶의 가치와 의미를 발견하는 노력이 절실하다. 어떤 종교를 믿든 학문적, 사상적, 이성적 가치를 소유하면서 자신의 가치와 확신 속에서 신앙생활을 유지하는 것이 정말 필요하다. 한국을 보면, 종교적 차이를 떠나 개인 또는 민족에 대한 정체성조차 희미해지고 있다. 예수님을 믿는 것을 부끄럽게 여기는 신자라면 불신앙의 처지와 다를 바 없다. 하나님을 잘 믿고 성숙한 신앙생활을 통하여 사회에 크리스천의 빛과 소금의 역할을 수행하는 것이 매우 중요하다.

# 2. 인간의 진정한 행복은 어디에 있는가?

## 행복의 욕구

인간은 근본적으로 행복에 대한 욕구가 있다. 인간은 행복하기 위해 건강을 추구하고 돈을 벌며 명예를 얻기 위하여 공부한다. 그러나 이러한 모든 것은 진정한 행복과 건강을 가져다주지 못한다. 진정한 행복은 영원하신 하나님과 그의 아들 예수님 안에 있다. 인간의 진정한 행복은 공부로 만들어내거나 물질로 획득할 수 있는 것은 아니다. 만약 그럴 수 있다면 공부를 많이 한 학자나 돈이 많은 부자가 더 행복할 것이다. 그런데 현실은 그렇지 못하다. 오히려 인생에서 자살하는 사람은 지식인이나 부자가 더욱 많다. 가난하고 공부를 많이 하지 못한 사람들 속에도 행복한 모습들이 있다.

인간의 행복은 과학 문명의 발전과 높은 소득에 있지 않다. 과학문명이 발달한 선진국의 국민이 더욱 행복하지는 않다. 선진국 국민의 자살률이 저개발국보다 훨씬 높다. 1998년에 시행된 국가별 국민의 행복지수 측정조사에서 국민의 행복지수는 방글라데시 국민이 1위를 차지했다. 대다수 선진국에서 국민의 행복지수는 중, 하위권에 머물렀다. 이러한 사실은 인간의 행복이 소유의 문제나 외적 환경의 문제에 있지 않음을 보여준다.

인간의 행복은 권세와 권력의 획득에도 있지 않다. 정치가 나 사업가라고 해서 더욱 행복한 삶을 살지 못한다. 뇌물수수로 감옥에 가고 탈세로 구치소를 출입하는 기업인과 정치인도 많다. 권세와 물질도 행복의 조건이 아니다. 인간의 근원적인 행복과 건강은 하나님 안에서 발견할 수 있다. 그것은 인간을 지으신 하나님을 인격적으로 만날 때 가능하다.

## 진정한 행복과 온전한 건강

우리가 이 땅에서 모든 것을 소유하고 누려도 그 가운데 진정한 행복과 온전한 건강은 없다. 솔로몬은 이스라엘의 왕으로서 이 세상에서 누릴 수 있는 모든 부와 영화를 다 누렸다. 그는 아주 화려하고 웅장한 궁전에서 금과 은으로 만든 수저와 접시를 사용했다. 수많은 노비와 첩을 거느렸고 세상의 권세를 손에 쥐고 있었다. 지혜가 뛰어나서 많은 잠언을 지으며 사람들의 존경을 받았다.

그러나 전도서에서 이렇게 말하고 있다. "헛되고 헛되도다. 모든 것이 헛되도다"(전 1:2). 그는 "하나님을 아는 것이 지식의 근본이요, 하나님을 즐거워하고 자기 일에 만족하는 것보다 더 행복한 것은 없다."라고 이야기한다. 이 땅의 모든 욕망과 행복은 컵 안의 물과 같다. 그것은 다 마시고 나면, 갈증이 다시 생긴다. 그러나 하나님과 예수님이 주시는 물은 영생하도록 솟아나는 샘물이다. 아무리 마셔도 갈증을 느낄 수 없는 샘솟 듯이 솟아오르는 생명수이다.

일전에 스페인의 한 노인이 〈아는 것이 힘이다〉라는 TV 프로그램에 소개되었다. 그는 수십억의 유산을 물려받은 엄청난 부자였다. 그런데 그가 42세 되던 1968년에 성당을 짓기로 결단하였다. 평생 자신 혼자의 힘으로 성전을 짓겠다고 건축 일을 시작한 것이다. 그는 스스로 가난을 선택하였다. 누더기 같은 옷을 입고 단추도 철사로 만들어 걸치면서 하루에 한 끼식 먹으며 건축 일을 하였다. 스페인 사람들은 보통 점심 후에 낮잠을 즐긴다. 그는 그 시간에도 노동하면서 "수십" 년 동안 성전을 짓고 있었다. 일반적인 상식으로는 사람은 그 할아버지를 이해할 수 없다. 그러나 그 할아버지는 고백하였다. "나는 행복합니다. 다른 사람을 위해 내 후손을 위해 사는 것이 행복합니다." 그 할아버지의 자발적인 가난과 행복한 마음은 하나님께 대한 순종과 신앙의 힘에서 우러나온 것이다.

제2차 세계대전 때에 발생한 유명한 일화가 있다. 수많은 유대인이 폴란드 바르샤바 유대인 수용소에서 죽는 순간만을 기다리고 있었다. 그들은 절망에 싸여 이미 시체나 다름이 없었다. 그런데 한 청년이 벽에 글을 쓰기 시작하였다. "비치지 않는다 해도 나는 태양이 있음을 믿는다. 느끼지 못한다 해도 나는 사랑이 있음을 믿는다. 보이지 않는다 해도 나는 하나님이 살아계심을 믿는다." 이 글을 읽자 시체처럼 굳어져 있던 얼굴들이 점차 밝아지고 눈동자는 소망의 빛으로 변하기 시작했다. 인간은 하나님의 살아계심을 발견할 때, 환경을 초월하여 새 생명을 맛보는 은혜와 감격을 체험하게 된다. 행복의 근원은 영의 건강성을 회복하는 것이며 이것은 하나님과 그의 독생자 예수님 안에 있다.

# 3. 하나님과 예수님은 누구시며 왜 믿어야 하는가?

## 하나님의 정체성

하나님은 스스로 존재하시는 분이시다. 하나님께서는 자신의 이름을 여호와(야훼)로 계시하셨는데 이는 "스스로 있는 자"라는 의미이다. 하나님은 인간처럼 누군가 만든 창조물이 아닌 모든 것을 만드시는 창조주이시다. 하나님께서는 "나는 처음이요 마지막이라 나 외에 다른 신이 없느니라."라고 말씀하셨다(사 44:6). 하나님은 영원부터 영원까지 스스로 존재하시는 유일하신 한 분이시다. 현재의 인생을 사는 인간이 한정된 두뇌로 무한한 존재이신 하나님의 영원하심과 위대하심을 이해하는 것은 불가능하다.

"하나님은 어떤 분이신가?"라는 질문에 명쾌한 해답을 기독교의 사도신경에서 볼 수 있다. 사도신경이란 예수님이 부활하시고 교회가 탄생한 후 초대교회의 지도자들이 만든 신앙고백서이다. 사도신경은 이렇게 시작한다. "전능하사 천지를 만드신 하나님 아버지를 내가 믿사오며." 이러한 신앙 고백처럼 기독교인이 믿는 하나님은 "전능하신 창조주"이시며 "인간에게 있어 사랑의 아버지"가 되신다. "전능하사"라는 고백은 하나님의 존재 자체를 찬양하는 것이다. 그리고 "아버지" 라는 것은 인격적으로 인간을 보호하시고 자식처럼 대해주신다는 말이다.

## 하나님의 존재성

예수님을 믿지 않는 사람도 하나님이 살아 계신지 궁금해 하면서 "하나님을 증명해보라"고 할 때가 있다. 그런데 사람이 가지고 있는 모든 지식과 과학기술을 동원해도 하나님이 살아계시고 존재하신다는 사실을 증명하지 못한다. 왜냐하면, 하나님은 보이지 않는 세계에 존재하기 때문이다. 그 세계는 분명히 있다. 부모는 자식에 대한 사랑을 보여주고 있다. 우리는 그 사랑을 마음으로 느끼고 몸으로 인식하지만, 인간의 눈에 그 실체는 보이지 않는다. 이렇듯 하나님은 존재하지만 인간의 눈에 보이는 분이 아니며 증명할 수 있는 대상이 아니다.

성경은 하나님이 살아계신다는 것을 굳이 증명하려고 하지 않는다. 하나님은 정말 살아계시기 때문이다. 모든 성경구절은 하나님이 존재하시며, 그분은 단 한 분이신 참 신이라고 말한다. 성경은 모든 사람이 하나님에 대하여 알고 그분께 나와야 한다고 강조한다. 성경은 바로 하나님을 계시하고 있는 기록이다. 우리가 그 성경의 계시를 믿음으로 받아들일 때, 비로소 하나님을 만날 수 있다.

그러나 하나님에 대한 믿음이 비이성적인 것은 아니다. 인간의 이성을 통하여 성경이 말하는 하나님의 존재를 생각해 볼 수 있다. 사람의 이성도 하나님을 아는 것에는 한계가 있다. 하나님을 깊이 체험했던 어거스틴은 "만일 당신이 이해할 수 있다면 그것은 하나님이 아니다."라고 말했다. 그러나 때로는 이성적인 사고가 어떤 사람에게는 도움이 된다. 그러면 하나님이 존재하신다는 근거들이 있다.

1 자연 계시로서 자연적인 증거이다.

하나님은 우주만물 속에 존재가 계시되어 있다. 우주의 위대함과 질서를 깊이 생각하다 보면 전능하신 하나님의 존재를 인정하게 된다. 지구는 24시간 동안 정확히 자전하며, 365일 동안 태양주위를 회전한다. 수억 년 동안 오차 없이 계속해서 지구의 자전과 공전을 하는 것은 우연이 아니다. 꽃 한 송이도 매우 아름답고 정교하다. 수만 가지 이상의 종자들이 어떻게 우연히 만들어진 것이 아니다. 나뭇잎의 무늬도 같은 것이 하나도 없다. 시편 19편 1절은 "하늘이 하나님의 영광을 선포하고 궁창이 그 손으로 하신 일을 나타내는 도다."라고 말씀한다. 모든 그림은 화가, 집은 건축가가 있어 존재한다. 이 광대하고도 오묘하고 세밀한 우주 역시 그것을 만드신 하나님이 있기에 존재한다.

2 도덕론적인 증거이다.

인간의 양심을 보면 하나님을 존재를 알 수 있다. 양심은 인간의 마음에 새긴 하나님의 법이다. 우리가 죄를 짓고 잘못할 때 인간의 양심은 마음을 찌른다. 그래서 성경은 "하나님을 알만한 것이 우리 가운데 보였다"(롬 1:19)라고 말한다. 자연에 자연법칙을 주신 것처럼 인간에게 양심이라는 도덕적 법칙을 주셨다. 여기서 자연과의 관계와 구별되는 것은 인간에게는 "자유의지"를 주셨다. 인간이 자유를 착하게 사용하면 양심에 거리낌이 없지만 그렇지 않으면 양심에 가책을 느낀다. 양심이 마비되고 타락한 사람은 사악한 사람으로 변한다. 도덕론적인 증거는 인간의 삶에 대한 평가가 전능하신 하나님으로부터 있다는 것을 전제한다. 하나님의 형상대로 만들어진 인간의 이성이 악을 판단하고 죄책감을 느낀다는 사실은 하나님이 존재해야 한다는 사실을 뒷받침해 주고 있다.

③ 인과의 법칙이다.

인과의 법칙은 과학의 기초를 이루는 토대이다. 모든 만물은 복잡한 원인과 결과의 관계로 얽혀져 있다. 하지만 그 원인을 끝까지 찾다 보면 더 이상의 원인이 필요하지 않은 상태가 오는 데, 그것을 "제1원인"이라고 말한다. 제1원인에는 하나님이 있게 되며, 그분은 무한 절대의 하나님이시기 때문에 배후의 원인도 하나님이시다.

④ 인간의 하나님에 대한 욕구이다.

인간의 모든 욕구는 객관적인 필요의 대상이 있음을 나타낸다. 사교적 본능은 사교의 대상인 친구를 필요로 하고 배고픔은 음식에 대한 욕구이다. 성에 대한 본능이 있기 때문에 이성 사이에 남자와 여자가 존재한다. 대상이 없으면 본능이 존재하지 않는다. 마찬가지로 인간에게 종교성이 있는 것은 종교적 대상이신 하나님이 계시기 때문이다. 사람은 근원적으로 의미하는 바를 추구하고 불멸을 소원하는 마음이 있다.

인간의 마음이 높은 것을 앙망하며 바라고 기도하는 것은 바로 하나님이 계시기 때문이다. 파스칼이 이야기한 것처럼 인간에게는 하나님이 만드신 공허감이 있고, 그 공허감은 오직 하나님만이 채울 수 있다.

## 하나님과 예수님의 관계

하나님과 예수님, 성령님은 모두 본질적으로 똑같은 한 분 하나님이시다. 이것은 삼위일체로서 세계의 위격(three persons)이 하나의 본질(one substance)을 이루고 있다는 뜻이다. 하나님은 한 분이시지만, 그 위격은 성부 하나님, 성자 하나님(예수님), 성령 하나님의 세 위격으로 존재하신다는 것이다.

하나님의 신비를 인간의 언어로 설명하기란 쉽지 않다. 다른 종교의 신자가 기독교인에게 이런 말을 하였다. "기독교인은 1+1+1=1(삼위일체 의미)이라고 하는 데 실제는 3이지 않습니까?" 그러자 기독교인은 타 종교 신자에게 이렇게 반문하였다. "그럼 1x1x1은 몇입니까?" 그 신자는 1이라고 대답하였다. 어떻게 인간의 이성과 논리로 삼위일체를 이해하고 증명하기는 쉽지 않다.

그래서 삼위일체에 대한 이해를 돕고자 겨우 찾아낸 것이 빛과 열과 공기의 예이다. 사람은 빛이 있기 때문에 자신의 손을 본다. 낮이 사라져도 굴절된 전등이나 다른 빛으로 볼 수 있다. 손으로 사람의 머리를 만지면 열을 느낀다. 밖으로 나가든지 안에 있든지 그 열은 변화되긴 하지만 계속 존재한다. 마지막으로 공기가 있고, 손위를 불어 보면 느낄 수 있다. 빛, 열과 공기는 각각 특징적으로 구분되지만 정상적인 지구 환경에는 반드시 필요한 요소이다. 이 요소들이 하나가 되어 지구환경을 만드는 것이다. 삼위일체는 사람의 경우로 설명할 수 있다. 예를 들어 한 사람이 교회에서는 목사, 연구소에서 연구원장, 집에서는 남편과 아버지이다. 똑같은 사람이지만 다양한 역할로 보이는 것이다. 인간이 하나님의 존재를 이렇게 언어로 다 설명하기란 불가능하다.

## 예수님은 누구신가?

예수 그리스도(Jesus Christ, 이하 예수님)의 뜻은 "자기 백성을 저희 죄에서 구원할 자" 이다. 그리스도는 헬라어(그리이스)로 "기름 부음 받은 자"라는 뜻을 가진다. 이것은 구약 히브리어로는 메시아라는 말과 같다. 예수그리스도는 "예수가 우리를 죄에서 구원하시는 구원자"라는 의미가 있다. 예수그리스도라는 이름은 인간 역사에 가장 존귀한 이름이다. 수많은 기독교인이 그 이름을 경배하며 존귀하게 여기고 있다.

예수님은 역사적으로 실재했고, 하나님이자 인간이셨다. 예수님은 하나님 자신을 인간에게 계시하기 위해서 육신의 몸을 보여주기 위해 오셨다. 예수님은 타락하지 않은 하나님 형상대로의 참 인간의 모습을 보여주시기 위해 오셨다. 예수님은 죄로 말미암아 멸망과 심판 받을 수밖에 없는 인간을 십자가의 죽음과 부활로 구원하시기 위해 오셨다(막 10:45; 요 3:16; 롬 6:23).

나사렛 예수는 당신께 어떤 분인가요? 이 질문에 당신이 어떻게 대답하는가에 따라 내세와 영원의 삶이 좌우된다. 세상 어느 곳, 어느 종교를 믿는 사람에게 가서 물어봐도 역사를 안다면 나사렛 예수님 같은 분은 없다고 인정할 것이다. 예수님만큼 유일무이한 분도 없는 것이 사실이다.

1 예수님은 역사의 방향을 바꿔놓으셨다.

우리가 읽는 조간신문조차 대략 2000년 전 나사렛 예수께서 살았었노라고 증명하고 있다. B.C.는 "Before Christ(그리스도 기원전)," A.D.는 "Anno Domini(그리스도 기원 년)"이라는 뜻이다. 예수님은 인간의 몸을 입고 오신 하나님이셨다. 무엇보다도 예수님 자신이 하나님이라고 주장하셨다.

2 예수님의 탄생은 예언되었다.

예수님께서 태어나시기 수백 년 전부터 성경은 이사야 선지자를 통해 그의 탄생을 예언하였다. 수많은 저자가 1,500년이라는 방대한 세월을 거쳐 기록한 구약성경은 300여개의 예언을 통해 예수의 오심을 상세하게 설명하고 있다. 즉 예수님의 기적적인 탄생, 죄 없는 삶, 그가 행한 수많은 기적, 그의 죽음과 부활에 모든 예언이 다 들어맞았다.

예수가 산 삶, 그가 행한 기적, 그가 한 말, 십자가의 죽음과 부활, 그리고 승천 - 이 모든 사실은 예수는 단지 인간이 아니요, 자신이 하나님이었다는 진실을 말해주고 있다. 예수님은 "나와 아버지는 하나이니라"(요 10:30), "나를 본 자는 아버지를 보았거늘"(요 14:9) "내가 곧 길이요 진리요 생명이니 나로 말미암지 않고는 아버지께로 올 자가 없느니라."(요 14:6) 라고 말씀하셨다.

3 예수님의 삶과 메시지는 변화를 안겨주었다.

나사렛 예수 그리스도의 삶과 그분이 역사에 미친 영향을 보면 그분의 삶과 메시지는 언제나 민족과 국가에 놀라운 변화를 가져다주었다. 예수님의 가르침이 닿은 곳에서는 결혼의 신성함과 여성인권과 발언권이 인정되었다. 그뿐만이 아니라, 학교가 세워지고 아동보호법이 만들어지며 노예제도가 폐지되고 그 외에도 인류를 위한 많은 변화가 일어났다.

예수님을 통하여 개인의 삶에도 획기적인 변화가 일어났다. 예를 들어 이름난 장군이자 문학천재인 월리스는 무신론자였다. 2년 동안 월리스는 기독교를 영영 멸하기 위한 정보를 얻으러 유럽과 미국의 유명 도서관들을 돌며 공부했다. 하지만 월리스는 그가 쓰려고 했던 책의 제2장을 쓰다가 예수님께 무릎 꿇고 "나의 주 나의 하나님이여" 라며 고백하였다. 그는 너무나도 명백한 증거 앞에 예수 그리스도는 하나님의 아들임을 다시는 부인할 수 없었다. 훗날 월리스는 예수님의 공생애 시절에 관한 최고의 소설 중 하나로 알려진 '벤허'를 저술했다.

영국 옥스퍼드 대학의 교수였던 C.S. 루이스는 수년 동안 그리스도의 신성을 부인하던 불가지론자였다. 그 또한 예수님의 신성에 관한 압도적인 증거를 연구한 후 예수님을 자신의 하나님과 구원자로 영접했다.

## 구주, 거짓말쟁이, 아니면 미치광이?

루이스는 그의 명서 "순전한 기독교"에서 이렇게 말한다. "단지 인간에 불과하면서 예수님께서 한 말들을 한 사람은 위대한 도덕 선생이 될 수 없다. 그런 사람은 미치광이이거나 지옥의 악마일 것이다. 당신은 선택해야 한다. 이분은 전에도 지금도 하나님의 아들이거나 미치광이, 혹은 그보다 더 나쁜 사람인지. 당신은 예수를 바보라 비웃을 수도 있고 그분의 발 앞에 엎드려 '나의 주 나의 하나님'이라 부를 수도 있다. 하지만 예수를 위대한 인류의 스승이라는 말도 안 되는 단정을 짓지 마라. 예수님은 그런 선택권을 우리에게 부여하지 않았다." 나사렛 예수는 인간에게 어떤 분인가요? 이 질문에 사람이 어떻게 대답하는가에 따라 내세와 영원의 삶이 좌우된다.

타 종교들은 인간에 의해 만들어졌고 인간의 철학, 법칙, 기준에 따른다. 타 종교들은 각 종교의 창시자를 제외해도 종교의식과 수양에 별 차이가 없다. 하지만 기독교에서 예수님을 제외한다면 아무것도 남지 않는다. 성경에 따른 기독교는 인생철학도 아니며, 도덕기준이나 종교의식에 대한 복종도 아니다. 진정한 기독교는 부활하시고 살아계신 구세주와 함께 생동감 있는 개인관계를 맺는 데에 있다.

④ 예수님은 죽음에서 부활하셨다.

예수 그리스도는 십자가에 못 박혀 돌아가시고 남의 무덤에 묻힌 후 3일 만에 부활하셨다. 기독교의 독특성은 바로 이 부활에 있다. 기독교의 타당성에 대한 어떠한 주장도 나사렛 예수의 부활 증거에 근거하고 있다. 수 세기 동안 부활의 증거를 연구한 뛰어난 학자들의 대부분은 예수 그리스도께서 부활하셔서 살아 계신 것을 믿었으며 지금도 여전히 믿고 있다. 하버드 법대에서 법적인 문제(legal issue)의 권위자인 시몬 그린리프(Simon Greenleaf)는 성경의 저자들이 기록한 부활의 증거를 검토한 후 "예수가 실제로 부활하지 않았다면 성경의 저자들이 그처럼 계속하여 부활을 주장하는 것은 불가능하다."라고 결론을 내렸다.

영국 역사학의 가장 뛰어난 지성 중의 한 명인 존 싱글톤 코플리(John Singleton Copley)는 "나는 부활의 증거가 무엇인지 잘 알고 있고, 부활의 어떠한 증거도 아직까지 깨어진 적이 없다."고 말했다.

## 믿음의 이유

부활은 그리스도인의 믿음의 핵심이다. 부활을 연구하는 사람들이 그것이 사실이라고 믿는 여러 가지 이유가 있다.

**<예언>**

① 예수님 자신이 죽음과 부활을 예언했고, 예언한대로 정확하게 일어났다.

예수께서 열두 제자를 곁에 불러 놓으시고, 그들에게 말씀하셨다. "보아라, 우리는 예루살렘으로 올라가고 있다. 인자를 두고 예언자들이 기록한 모든 일이 이루어질 것이다. 인자가 이방 사람들에게 넘어가고, 조롱을 받고, 모욕을 당하며, 침 뱉음을 당할 것이다. 그들은 채찍질한 뒤에 그를 죽일 것이다. 그러나 그는 사흘째 되는 날에 살아날 것이다"(눅 18: 31-33).

**<빈 무덤>**

② 부활만이 빈 무덤을 설명하는 유일한 이유이다.

성경의 이야기를 자세히 읽어 보면 예수 그리스도의 몸이 뉘여 졌던 무덤은 당시의 로마 군인들에 의하여 지켜졌고 거대한 둥근 돌로 봉해졌다. 만약 어떤 사람들이 주장한 대로 예수님이 죽지 않고 단지 심신이 약해져 있었다고 할지라도 무덤을 지키는 군인들과 큰 돌은 예수님이 무덤에서 빠져나오지 못하도록 막았거나 예수의 추종자들이 그를 구해내지 못하도록 했을 것이다. 그리고 예수님의 적들은 무덤에서 예수님의 시신이 없어지는 것이 부활에 대한 믿음을 강화시켜 주기 때문에 그들은 예수님의 시신을 절대로 가져가지 않았을 것이다.

**<개인적인 만남>**

③ 부활만이 예수께서 그의 제자들에게 나타난 것을 설명한다.

예수님은 부활한 후에 그를 알고 있는 사람들에게 최소한 10번 이상 나타났다. 한 번은 500명이나 되는 많은 사람에게 나타났다. 예수님은 자신의 모습이 환상이 아닌 것을 보여주셨다. 그래서 직접 사람들과 식사를 했으며 대화를 했고 사람들은 예수님의 몸을 만졌다(요일 1:1).

**<교회의 탄생>**

④ 부활만이 기독교 교회의 시작을 설명해 준다.

기독교 교회는 역사상 존재했던 조직이나 단체 중에서 가장 커다란 제도이다. 초대교회에서 첫 번째로 행해진 설교의 반 이상의 메시지가 부활과 관계된 내용이다(행 2:14-36). 분명히, 초대교회는 부활이 자신들 메시지의 핵심인 것을 알고 있었다. 예수님과 그의 제자들의 적들은 언제든지 예수님의 몸을 보여줌으로써 그들을 막을 수 있었다.

**<변화된 사람들>**

⑤ 부활만이 제자들의 변화된 생활에 대한 유일한 이유가 된다.

예수님이 부활하기 전에 제자들은 예수님을 배반하였고 절망했으며 두려워하였다. 그들은 예수님이 부활하실 것을 기대하지 않았다(눅 24:1-11). 그러나 예수님의 부활과 오순절의 성령체험을 통하여 이전에 낙심하고 실망한 제자들이 부활하신 예수님의 놀라운 능력으로 변화되었다. 그분의 이름으로 제자들은 세상을 뒤집어 놓았다. 많은 제자가 그들의 믿음 때문에 순교하였고 다른 사람들은 심하게 핍박을 받았다. 그들의 용감한 행동은 그들이 예수님의 부활을 믿었고, 이 믿음은 죽음을 각오할 만한 가치가 있다는 확신이 있었기에 가능했다.

미국의 한 선교사는 지난 40년 동안 대학교의 많은 지성인과 만나 함께 일하였다. 그 기간에 나사렛 예수님의 신성과 부활의 증거를 진지하고 정직하게 살펴본 사람 중에 단 한 명도 예수님이 하나님의 아들이라는 사실을 부정하지 않았다. 이 사실을 믿지 않는 몇몇 사람들은 솔직히 성경을 읽어 보지 않았거나 예수에 관한 역사적 사실들을 고려한 적이 없다고 고백하였다.

**<살아계신 예수님>**

진정한 제자들은 예수님의 부활 때문에 단지 자신들 종교의 죽은 창시자의 윤리적인 가르침을 지키는 것이 아니라 살아계신 주님과의 생생하고 개인적인 관계를 맺는다. 예수님은 오늘도 살아 계시며 믿고 순종하는 사람들에게 축복하시며 그들의 인생을 풍요롭게 하신다. 수 세기 동안 세상에 영향력을 미친 지도자들을 포함하여 많은 사람이 예수 그리스도의 절대적 가치를 인정해 왔다.

프랑스의 물리학자이자 철학자인 블레즈 파스칼(Blaise Pascal)은 예수님에 대한 인간의 필요를 다음과 같이 말했다. "모든 인간의 마음속에는 하나님이 만든 빈 공간이 있다. 그 공간은 하나님만이 그 아들 예수 그리스도를 통해서 채울 수 있다." 당신은 예수 그리스도를 개인적인 구주로 알기 원하십니까? 조금 이상하게 들릴지 모르지만, 당신은 할 수 있다! 예수님은 당신과 개인적인 사랑의 관계를 갖기를 간절히 원하고 계신다. 그분은 이미 모든 필요한 것을 준비해 놓으셨다.

# 4. 영원한 생명과 진정한 행복을 가지려면 어떻게 해야 하는가?

## 인간구원의 4원리[1]

자연계에 자연법칙이 있듯이 하나님과 사람사이에도 영적 원리가 있다.

1 원리 : 하나님은 당신을 사랑하시며, 당신을 위한 놀라운 계획을 가지고 계신다.

하나님의 사랑 - "하나님이 세상을 이처럼 사랑하사 독생자(예수그리스도)를 주셨으니 이는 저를 믿는 자마다 멸망치 않고 영생을 얻게 하려 하심이니라"(요 3:16).

하나님의 계획 - 예수 그리스도께서 말씀하시기를 "내가 온 것은 양(당신)으로 생명을 얻게 하고 더 풍성히 얻게 하려는 것이다."(요 10:10). 그런데 왜 많은 사람이 이 풍성한 삶을 누리지 못하고 있을까요? 그 이유는 ······

2 원리 : 사람은 죄에 빠져 하나님으로부터 떠나 있다. 그러므로 하나님의 사랑과 계획을 알 수 없고, 또 그것을 체험할 수 없다.

사람은 죄에 빠져 있다. "모든 사람이 죄를 범하였으매 하나님의 영광에 이르지 못하더니"라고 했다(롬 3:23). 본래 사람

1) KCCC(2005)

은 하나님과 사귀며 살도록 창조되었다. 그런데 사람이 자기 마음대로 살려고 했기 때문에 마침내 하나님과의 사귐은 끊어지고 말았다. 하나님 없이 제 마음대로 사는 사람은 적극적일 때는 하나님께 반항하게 되며, 소극적일 때는 하나님에 대하여 무관심하게 되는데 이것이 바로 성경이 말하는 죄의 증거이다.

사람은 하나님으로부터 떠나 있다. "죄의 삯은 사망"이라고 했다. 여기서 사망이란 영적으로 하나님으로부터 떠나 있는 상태를 말한다(롬 6:23).

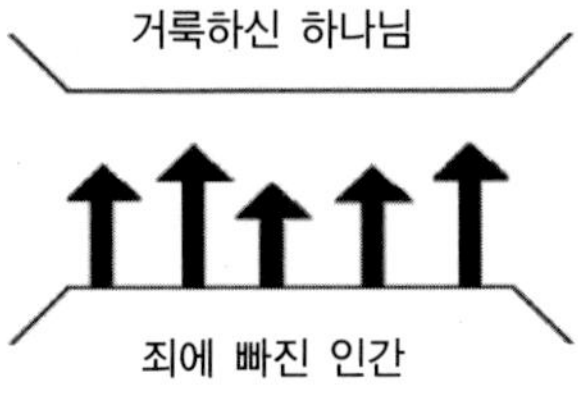


하나님은 거룩하시며 사람은 죄에 빠져 있다. 그리하여 이 둘 사이에는 커다란 간격이 생겼다. 사람들은 끊임없이 선행, 철학, 종교 등의 자기 힘으로 하나님께 도달하여 풍성한 삶을 누려 보려고 애쓰고 있다. 이 간격을 이어주는 유일한 길을 제3원리에서 설명한다.

3 원리 : 예수 그리스도만이 사람의 죄를 해결할 수 있는 하나님의 유일한 길이다. 당신은 그를 통하여 당신에 대한 하나

님의 사랑과 계획을 알게 되며, 또 그것을 체험하게 된다.

그는 우리를 대신하여 돌아가셨다. "우리가 아직 죄인이었을 때에 그리스도께서 우리를 위하여 돌아가심으로 하나님께서 우리에게 대한 자기의 사랑을 확증하셨느니라"라고 했다(롬 5:8).

그는 또한 죽음에서 살아나셨다. "그리스도께서 우리 죄를 위하여 죽으시고 장사 지낸 바 되었다가 성경대로 사흘 만에 다시 살아나사 게바에게 보이시고 후에 열두 제자와 그 후에 오백여 형제에게 일시에 보이셨나니,"라고 했다(고전 15:3-6).

예수 그리스도만이 하나님께 이르는 유일한 길이다. 예수 그리스도께서 말씀하시기를 "내가 곧 길이요 진리요 생명이니 나로 말미암지 않고는 아버지께로 올 자가 없느니라" 라고 하셨다(요 14:6).

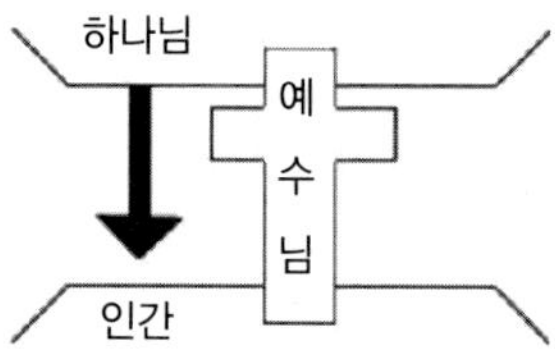


하나님은 그의 아들이신 예수 그리스도를 이 세상에 보내어 우리를 대신하여 십자가에 죽게 하셨다. 이를 통하여 우리의 죄 값을 담당케 하시고 하나님과 우리 사이에 다리를 놓아 주셨다. 그러나 이상의 세 가지 원리를 아는 것만으로는 충분하지 않다.

4 원리 : 우리는 개인적으로 예수 그리스도를 '나의 구주, 나의 하나님'으로 영접해야 한다. 그러면 우리는 우리 각 사람에 대한 하나님의 사랑과 계획을 알게 되며, 또 그것을 체험하게 된다.

우리는 예수 그리스도를 영접해야 한다. "영접하는 자 곧 그 이름을 믿는 자들에게는 하나님의 자녀가 되는 권세를 주셨으니"라고 약속했다(요 1:12). 우리는 믿음으로 예수 그리스도를 영접한다. "너희가 그 은혜로 인하여 믿음으로 말미암아 구원을 얻었나니 이것이 너희에게서 난 것이 아니요 하나님의 선물이라 행위에서 난 것이 아니니 이는 누구든지 자랑치 못하게 함이니라."라고 했다(엡 2:8-9).

우리는 각자의 초청으로 예수 그리스도를 영접한다. 예수 그리스도께서 말씀하시기를 "볼 지어다 내가 문밖에 서서 두드리노니 누구든지 내 음성을 듣고 문을 열면 내가 그에게로 들어가 그로 더불어 먹고 그는 나로 더불어 먹으리라."라고 하셨다(계 3:20).

그리스도를 영접한다는 뜻은 나 중심에서 하나님 중심으로 전환하는 것이다. 그리고 예수님이 내 안에 들어오셔서 내 죄를 용서하시고 그분이 원하시는 사람이 되도록 예수님께 나를 맡기는 것이다. 예수 그리스도의 말씀에 지적으로 동의한다든가 감정적인 경험만으로는 충분하지 않다. 우리는 의지의 행위인 믿음으로 예수 그리스도를 영접해야 한다.

## 두 종류의 사람

세상에는 내가 나의 주인인 사람과 예수그리스도가 나의 주인인 사람으로 두 종류의 사람이 존재한다.

| 내가 나의 주인인 사람 | 예수그리스도가 나의 주인인 사람 |
|---|---|
|  | <br> |
| **나** 내 인생의 왕좌에 나 자신이 앉아 있음<br>† 그리스도는 내 인생의 밖에 계심<br>● 모든 일을 나 자신이 주관하므로 자주 좌절과 혼란에 빠짐 | **나** 그리스도가 내 인생의 왕좌에 앉아 계심<br>† 나는 내 인생의 왕좌에서 내려와 모든 것을 그리스도께 맡겼음<br>● 모든 일을 그리스도께서 주관하시므로 하나님의 계획과 일치된 생활을 함 |

어느 그림이 당신의 삶을 잘 나타내고 있습니까? 또 당신은 어느 그림에 속하게 되기를 원합니까?

당신은 바로 지금 이 자리에서 기도로 그리스도를 영접할 수 있다. 기도는 하나님과 이야기하는 것이다. 그리스도께서 당신의 중심에 들어오시도록 간절한 마음으로 기도해야 한다. 하나님은 우리의 중심을 알고 계신다. 그래서 입으로 하는 말보다는 중심의 태도를 보고 싶어 하신다. 이렇게 기도해 보십시오.

**“주 예수님, 나는 주님을 믿고 싶습니다. 십자가에서 죽으심으로 내 죄 값을 담당하시니 감사합니다. 지금 나는 내 마음의 문을 열고 예수님을 나의 구주, 나의 하나님으로 영접합니다. 나의 죄를 용서하시고 영생을 주심을 감사합니다. 나를 다스려 주시고, 나를 주님이 원하시는 사람으로 만들어 주옵소서. 예수님의 이름으로 기도합니다. 아멘”.**

이 기도가 당신의 마음에 듭니까? 그렇다면 바로 지금 이 기도를 드리십시오. 그러면 예수 그리스도는 그가 약속하신 대로 당신 안에 들어오신다.

## 그리스도의 임재 확신

그리스도가 당신 안에 계심을 어떻게 알 수 있을까요?

그리스도를 당신 안에 영접하셨습니까? 요한 계시록 3장 20절의 약속에 의하면, 지금 그리스도는 당신의 어느 곳에 계십니까? 그리스도는 당신 안에 들어오시겠다고 약속했다. 그가 거짓말을 하실까요? 그러면 무슨 근거로 하나님이 당신의 기도를 들으셨다는 사실을 알 수 있습니까? 하나님 자신과 그의 말씀인 성경의 신실성, 즉 하나님은 그의 약속을 반드시 지키신다.

성경은 예수 그리스도를 영접하는 모든 사람에게 영원한 생명을 약속하고 있다.

"또 증거는 이것이니 하나님이 우리에게 영생을 주신 것과, 이 생명이 그 아들 안에 있는 그것이니라. 아들이 있는 자에게는 생명이 있고, 하나님의 아들이 없는 자에게는 생명이 없느니라. 내가 하나님 아들의 이름을 믿는 너희에게 이것을 쓴 것은 너희로 하여금 너희에게 영생이 있음을 알게 하려 함이니라"(요일 5:11-13).

예수 그리스도께서 당신 안에 들어오셔서 영원히 떠나지 아니하심을 항상 감사해요(히 13:5). 영접한 순간부터 살아계신 그분은 당신 안에 거하시며 당신은 영원한 생명을 얻었음을 명심하십시오. 하나님은 절대로 속이지 않는다.

감정에 의존하지 마십시오. 우리의 믿음은 하나님과 그의 말씀 곧 성경에 근거하는 것이지 우리 자신의 느낌이나 감정에 근거하는 것이 아니다. 그리스도인은 하나님과 그의 말씀을 믿는 믿음으로 사는 것이다. 특별한 느낌이 있을 수도 있지만 없을지라도 안심해야 한다.

다음 기차 그림은 사실(하나님과 그의 말씀)과 믿음(하나님과 그의 말씀에 대한 우리의 신뢰)과 감정(믿음과 순종의 결과)과의 관계를 설명해 주고 있다(요 14:21).

기관차는 객차가 있으나 없으나 달릴 수 있다. 그러나 객차로 기관차나 연료차를 끌려고 하는 것은 어리석은 일이다. 마찬가지로 그리스도인도 느낌이나 감정에 의존하는 것이 아니라 하나님과 그의 말씀의 신실성에 믿음의 근거를 두어야 한다.

## 예수님을 영접한 결과

이제 당신은 예수 그리스도를 영접했다.

당신이 의지의 행위인 믿음으로 그리스도를 영접한 결과, 다음 몇 가지를 비롯하여 많은 일이 일어났다.

- ➪ 예수 그리스도께서 당신 안에 들어와 계신다(계 3:20; 골 1:27).
- ➪ 당신의 모든 죄는 사함을 받았다(골 1:14).
- ➪ 당신은 하나님의 자녀가 되었다(요 1:12).
- ➪ 당신은 영원한 생명을 얻었다(요 5:24).
- ➪ 하나님께서 예비하신 풍성한 새 삶이 시작되었다(요 10:10; 고후 5:17).

당신의 생애에 예수 그리스도를 영접한 것보다 더 놀라운 일이 있을까요? 바로 지금 하나님께서 당신을 위해 행하신 일에 감사하는 기도를 드리겠습니까? 감사는 믿음의 표현이다. 풍성한 새 삶을 누리기 위해서는 이제 어떻게 해야 할까요?

## 그리스도인의 성장을 위한 권면

그리스도인은 예수 그리스도를 신뢰함으로 영적 성장을 하게 된다. "의인이 믿음으로 살라"라고 했다(갈 3:11). 믿음으로 사는 생활이란 생활의 지극히 작은 일까지도 하나님께 맡기고 다음의 일들을 기쁨으로 실천하게 되는 것을 말한다.

- ➪ 날마다 하나님께 기도한다(요 15:7).
- ➪ 하나님의 말씀인 성경을 날마다 읽는다(행 17:11). 요한복음부터 읽는다.
- ➪ 하나님께 항상 순종한다(요 14:21).
- ➪ 말과 행동으로 그리스도를 증거한다(마 4:19; 요 15:8).
- ➪ 지극히 작은 일까지도 하나님께 맡긴다(벧전 5:7).
- ➪ 성령께서 당신의 일상생활을 주관하시게 하고 능력을 받아 그리스도의 증인이 된다(갈 5:16-17; 행 1:8).

교회를 잘 선택하여 출석하는 일은 매우 중요하다. 히브리서 10장 25절에 보면, 모이는 일을 게을리 하지 말라고 권면하고 있다. 아궁이에 여러 개의 나무토막을 넣으면 불이 잘 타지만 하나씩 따로 때어 놓으면 불은 곧 꺼지고 만다. 당신과 다른 그리스도인과의 관계도 이와 마찬가지이다. 예수 그리스도를 더 잘 배우고, 그가 원하시는 삶을 살며, 다른 그리스도인과의 교제를 하기 위해서는 반듯이 교회 생활을 해야 한다.

바로 이 주일부터 시작하여 그리스도를 영화롭게 하고 하나님의 말씀을 올바로 전하는 가까운 교회로 나가서 목사님의 지도를 받는 것이 중요하다. 당신이 발견한 이 놀라운 사실을 다른 사람에게 전하고 싶지 않습니까?

# 5. 건강한 영적생활을 위하여 성령 안에서 생활하고 있는가?

## 성령의 역할과 열매

성령은 하나님의 거룩하신 영이라는 뜻이며, 예수그리스도의 영이다. 성령은 하나님의 속성을 가지며 영원하시고(히 9:14), 전지하시고(고전 2:10), 무소 부재하시다(시 139:7-8). 성령은 크리스천이 하나님의 뜻에 따라 능력있는 신앙생활을 할 수 있도록 늘 우리 곁에서 도와주신다. 성령으로 말미암아 하나님에 대한 지식과 계시를 알고 예수님을 구세주로 영접한다. 성령은 인격자이신 하나님이시다. 즉 창조를 통하여 현존하시며 활동하시는 내재적인 성령 하나님의 모습이다. 우리는 예수님을 성령을 통하여 만난다. 성령은 예수그리스도의 영으로서 우리를 하나님 아버지께 나아갈 수 있도록 인도하신다. 이러한 성령은 우리 안에 거하시면서 하나님의 일을 하신다. 성령의 사역은 다양하나 크게 주된 사역은 네 가지로 나눌 수 있다.

첫째, 성령께서 예수님을 알게 한다. 그러므로 성령으로 말미암지 않고는 예수님을 마음속에 구세주로 영접할 수 없다.

둘째, 성령께서는 예수님을 닮게 한다. 우리를 거룩하게 하셔서 예수님의 인격을 닮고 하나님의 성품에 참여하도록 도우신다. 셋째로, 성령께서는 예수님을 위해 봉사하게 하신다. 우리가 시간과 재능, 물질과 은사 등으로 교회 및 다른 사람을 위하여 봉사하도록 인도한다. 넷째로, 성령께서는 예수님을 증거하게 하신다. 우리가 다른 불신자를 전도하여 하나님께 인도할 수 있도록 권능을 주신다. 이와 같이 성령의 역할은 우리 주 예수님을 위한 일이며, 하나님 아버지를 영화롭게 하는 것이다.

성령께서는 성도로 하여금 예수 그리스도의 성품을 닮게 하신다. 우리가 죄를 떠나서 거룩한 삶을 살 수 있도록 도우신다. 기독교인이 스스로 죄를 제거하려는 것은 불가능하며 오직 성령이 충만히 채워짐으로써 죄를 제거할 수 있다. 성도는 성령의 열매를 맺음으로써 예수님의 성품을 닮아간다. 성령의 열매는 "사랑과 희락과 화평과 오래 참음과 자비와 양선과 충선과 온유와 절제" 라고 말한다(갈 5:22-23). 크리스천은 성령의 9가지 열매를 삶 가운데 드러내야 영적 건강생활을 유지한다. 모든 크리스천이 자동적으로 열매를 맺을 거라고 기대해서는 안 된다. 열매를 잘 맺기 위해서는 먼저 그 가지가 나무에 잘 붙어 있어야 하고 수액을 잘 흡수해야 한다. 마찬가지로 우리가 예수님 안에 거하고 성경을 잘 묵상하여 순종해야 한다.

성령의 열매를 맺는 것은 일평생 배우고 노력하는 일이다. 예수님의 인격을 닮고 성령의 열매를 맺도록 도와달라고 기도하는 것이 중요하다. 우리가 전폭적으로 성령을 의뢰할 때 성령께서는 우리 안에 오셔서 우리를 새로운 사람으로 변화시켜 주신다.

## 성경의 세 종류 사람

1 자연인 (그리스도를 영접한 일이 없는 사람)

"육에 속한 사람은 하나님의 성령 일을 받지 아니하나니 저희에게는 미련하게 보임이요 또 깨닫지도 못하나니 이런 일은 영적으로라야 분별함 이니라"(고전 2:14).

**내가 나의 주인인 사람**

나 내 인생의 왕좌에 나 자신이 앉아 있다.

✝ 그리스도는 내 인생의 밖에 계신다.

● 모든 일을 나 자신이 주관하므로 자주 좌절과 혼란에 빠진다.

2 성령의 사람 (성령의 지배를 받으며 성령의 능력으로 충만한 사람)

"신령한 자는 모든 것을 판단하나 자기는 아무에게도 판단을 받지 아니 하느니라"(고전 2:15).

**그리스도가 나의 주인인 사람**

✝ 그리스도가 내 인생의 왕좌에 앉아 계신다.

나 나는 내 인생의 왕좌에서 내려와 모든 것을 그리스도께 맡겼다.

● 모든 일을 그리스도께서 주관하시므로 하나님의 계획과 일치된 생활을 한다.

③ 세상적인 그리스도인 (그리스도를 구주로 영접했으나 신앙생활을 자기 힘으로 하려고 하기 때문에 실패하는 사람)

"형제들아 내가 신령한 자들을 대함과 같이 너희에게 말할 수 없어서 육신에 속한 자 곧 그리스도 안에서 어린아이들을 대함과 같이 하노라. 내가 너희를 젖으로 먹이고 밥으로 아니 하였느니 이는 너희가 감당치 못하였음이거니와 지금도 못하리라. 너희가 아직도 육신에 속한 자로다 너희 가운데 시기와 분쟁이 있으니 어찌 육신에 속하여 사람을 따라 행함이 아니리요"(고전 3:1-3).

**세상적 그리스도인**

| | |
|---|---|
| **나** | 내 인생의 왕좌에 나 자신이 앉아 있다. |
| ✝ | 그리스도는 내 인생의 왕좌에서 내려 앉아 계신다. |
| ● | 모든 일을 나 자신이 주관하고 있으므로 자주 좌절과 혼란에 빠진다. |

세 그림 중에 어느 그림이 당신의 삶을 나타내고 있습니까? 또 당신은 어느 그림에 속하게 되기를 원하십니까?

## 성령 충만한 생활의 비결[2]

다음은 성령 충만한 생활의 비결을 가르쳐 주고 있다.

2) KCCC(2004)

1 하나님은 우리를 위해 풍성하고 열매 맺는 신앙생활을 예비해 놓으셨다.

예수 그리스도께서 말씀하시기를 "내가 온 것은 양으로 생명을 얻게 하고 더 풍성히 얻게 하려는 것이라"라고 하셨다(요 10:10). "나는 포도나무요 너희는 가지니 저가 내 안에, 내가 저 안에 있으면 이 사람은 과실을 많이 맺나니 나를 떠나서는 너희가 아무것도 할 수 없음이라."(요 15:5).

"오직 성령의 열매는 사랑과 희락과 화평과 오래 참음과 자비와 양선과 충성과 온유와 절제니 이 같은 것을 금지할 법이 없느니라" (갈 5:22-23).

"오직 성령이 너희에게 임하시면 너희가 권능을 받고 예루살렘과 온 유대와 사마리아와 땅 끝까지 이르러 내 증인이 되리라 하시니라"(행 1:8).

성령의 사람 - 하나님을 신뢰하기 때문에 다음과 같은 인격적 특성이 나타난다.

그리스도 중심의 생활, 성령의 권능을 받음, 다른 사람을 그리스도께로 인도, 응답 받는 기도 생활, 하나님 말씀을 깨달음, 하나님을 신뢰, 하나님께 순종.

사랑, 희락, 화평, 인내, 자비, 양선, 충성, 온유, 절제

이런 인격적 특성이 나타나는 정도는 그가 일상생활에서 얼마나 작은 일까지도 하나님을 의지하는가, 또는 그가 그리스도 안에서 얼마나 성장했는가에 정비례한다. 그런데 왜 대

부분 그리스도인들이 이 풍성한 삶을 누리지 못하고 있을까요?

2 세상적인 그리스도인은 이 풍성하고 열매 맺는 신앙생활을 체험할 수 없다.

세상적인 그리스도인은 신앙생활을 자기의 힘으로 하려고 한다. 그는 하나님의 사랑과 죄 사함과 능력에 대하여 모르거나 잊고 있다(롬 5:8-10; 히 10:1-25; 요일 2:1-3; 벧후 1:9; 행 1:8). 그는 변화가 심한 영적 생활을 한다. 그는 옳은 일을 하고 싶어도 할 수 없는 자기 자신을 잘 알지 못한다. 그는 신앙생활에 성령의 능력을 활용하지 못하고 있다(고전 3:1-3; 롬 7:15-24; 롬 8:7; 갈 5:16-18).

영적 유산에 대한 무지, 불신앙, 불순종, 하나님과 이웃에 대한 사랑을 잃음, 기도를 게을리 함, 성경 공부에 대한 열이 식음

율법적 태도, 더러운 생각, 시기, 죄책감, 근심, 걱정, 낙심, 비평하는 태도, 무목적

세상적인 그리스도인 - 하나님을 전적으로 신뢰하지 않기 때문에 다음과 같은 특성이 나타난다. 그리스도인이라고 말하면서도 계속해서 죄를 범하는 사람은 전혀 그리스도인이 아닐 수도 있다는 사실을 알아야 한다(요일 2:3; 요일 3:6-9; 엡 5:5).

세 번째 진리가 이 문제에 대한 유일한 해답을 줍니다.

3 예수 그리스도는 이 풍성하고 열매 맺는 신앙생활이 성령 충만을 받은 결과라고 약속하셨다.

성령 충만의 생활이란 그리스도께서 주관하시는 삶으로써, 우리 안에 사시는 성령의 능력을 통하여 그리스도께서 우리를 지배하시는 생활이다(요 15장). 우리는 성령으로 거듭난 순간부터 그리스도인이 되며, 성령은 항상 그리스도인 안에 계신다(요 1:12; 요3:8; 요 14:16-17).

성령께서 모든 그리스도인 안에 살아 계시지만 모든 그리스도인이 다 성령으로 충만 되어 있지는 않다. 성령은 차고 넘치는 삶의 원천이다(요 7:37-39). 성령은 그리스도를 영화롭게 하기 위해 오셨다(요 16:13-14). 우리가 성령으로 충만할 때만 그리스도를 영화롭게 한다.

그리스도는 그가 승천하시기 전에 최후의 명령으로 우리가 그리스도의 증인이 되기 위해서 성령의 권능을 받게 될 것이라고 약속하셨다(행 1:4-9).

## 성령 충만을 받는 방법

우리는 믿음으로 성령 충만을 받는다. 그때 비로소 예수 그리스도께서 우리 모든 그리스도인에게 약속하신 풍성하고 열매 맺는 신앙생활을 체험할 수 있다. 당신은 지금 이 자리에서 성령 충만을 받을 수 있다.

➔ 성령 충만 받기를 간절히 사모한다(마 5:6; 요7:37-39; 시 42:1-2).

➔ 당신의 죄를 남김없이 고백한다(요일 1:9). 하나님께서 당신의 과거와 현재와 미래의 모든 죄를 용서해 주심에 대하여 믿음으로 감사한다. 그리스도는 당신의 죄를 대신하여 돌아가셨다(골 2:13-15; 요일 2:1-3; 히 10:10-12).

➔ 성령 충만을 믿음으로 간절히 구한다. "또 우리로 하여금 믿음으로 말미암아 성령의 약속을 받게 하려 함이니라"(갈 3:14).

그의 명령 - 성령의 충만을 받으라고 하셨다. "술 취하지 말라 이는 방탕한 것이니 오직 성령의 충만을 받으라"(엡 5:18).

그의 약속 - 우리가 그의 뜻대로 기도하면 그는 언제나 응답해 주신다. "그를 향하여 우리의 가진 바 담대한 것이 이것이니 그의 뜻대로 무엇을 구하면 들으심이라 우리가 무엇이든지 구하는 바를 들으시는 줄을 안즉 우리가 그에게 구한 그것을 얻은 줄을 또한 아니라."(요일 5:14-15).

➔ 믿음은 기도를 통해 표현될 수 있다.

성령 충만을 위한 믿음의 기도는 어떻게 하는 것일까요? 우리는 오직 믿음으로만 성령 충만을 받을 수 있다. 참된 기도는 믿음을 표현하는 한 가지 방법이다. 다음과 같이 기도해 보십시오.

**"사랑하는 하나님 아버지, 나는 주님이 필요합니다. 주님, 내가 나의 삶을 주관해 왔고 그 결과로 주님께 죄를 지었음을 고백합니다. 나를 대신하여 주 예수 그리스도를 십자가에 죽게 하심으로 나의 죄를 용서하여 주셨음**

**을 감사합니다. 주님께서 내 인생의 왕좌를 취하여 주시기를 이제 다시 한 번 기도합니다. 주님께서 성령 충만 받으라고 명령하시고, 믿음으로 구하면 주시겠다고 약속하신 말씀대로 내게 성령으로 충만케 하옵소서. 주님의 성령으로 나를 충만케 하시고 나를 다스리심을 감사하며, 예수님의 이름으로 기도합니다. 아멘"**

이 기도가 당신의 마음에 듭니까?

그렇다면 하나님께서 성령으로 당신을 충만케 해 주실 것을 믿고 지금 이 자리에서 기도해야 한다. 당신이 성령 충만 받은 것을 어떻게 알 수 있을까요? 당신은 하나님께 성령 충만을 위해 기도하였습니까? 당신은 지금 성령 충만 받았음을 알고 있습니까? 그렇다면 무슨 근거로 그것을 알 수 있습니까? 신실하신 하나님과 그의 말씀에 근거한 것이다(히 11:6; 롬 14:22-23).

감정에 의존해서는 안된다. 우리의 믿음은 감정에 근거하는 것이 아니라 하나님 말씀의 약속에 근거하는 것이다. 그리스도인은 하나님 자신과 그의 말씀의 신실성에 대한 믿음으로 사는 것이다.

다음 기차 그림은 사실(하나님과 그의 말씀)과 믿음(하나님과 그의 말씀에 대한 우리의 신뢰)과 감정(믿음과 순종의 결과)과의 관계를 설명해 주고 있다(요 14:21). 기관차는 객차가 있으나 없으나 달릴 수 있다. 그러나 객차로 기관차나 연료차를 끌려고 하는 것은 어리석은 일이다. 마찬가지로 그리스도인도 느낌이나 감정에 의존하는 것이 아니라 하나님과 그의 말씀의 신실성에 믿음의 근거를 두는 것이다.

## 성령 안에서 생활방법

어떻게 성령 안에서 살아갈 수 있을까요?

하나님과 그의 약속을 신뢰하는 믿음만이 성령 충만한 신앙생활의 유일한 비결입니다.

당신이 그리스도를 순간순간 끊임없이 신뢰할 때, 당신의 생활에서 성령의 열매가 드러나며(갈 5:22-23), 그리스도의 형상을 점점 닮아간다(롬 12:2; 고후 3:18). 당신의 기도 생활과 하나님의 말씀에 대한 공부가 날로 깊어지게 된다. 예수님을 증거 할 때 그의 능력을 체험하게 된다(행 1:8). 영적 싸움에서 당신을 대적하는 세상(요일 2:15-16)과 정욕(갈 5:16-17)과 사단(벧전 5:7-9; 엡 6:10-13)을 이기는 힘을 얻는다. 죄와 유혹과 시험을 이기는 능력있는 생활을 하게 될 것이다(고전 10:13; 빌 4:13; 엡 6:10; 딤후 1:7; 롬 6:11-12).

## 영혼의 호흡

믿음으로 당신은 하나님의 사랑과 용서를 계속 체험할 수 있다. 만일 당신의 생활에서 하나님이 기뻐하시지 않는 일을 했음을 알았을 때는 그리스도께서 십자가에 죽으심으로 그가 우리의 모든 죄를 용서하여 주셨음을 감사한다. 그리고 믿음으로 그의 사랑과 용서를 요청하여 주님과의 사귐이 잠시라도 끊어지지 않도록 한다. 만일 당신이 불순종의 행동으로 당신 인생의 왕좌를 다시 차지했다면 즉시 영혼의 호흡을 하십시오.

영혼의 호흡은 더러운 것을 내뿜고 깨끗한 것을 들이마시는 일로서 믿음으로 끊임없이 하나님의 사랑과 용서를 체험하는 운동이다.

내뿜는 일 - 당신의 죄를 고백한다. 당신의 죄에 대하여 하나님께 동의하고 요한일서 1장 9절에 따라 죄를 용서해 주심을 감사한다. 죄의 고백은 회개하는 일이고 회개는 태도와 행동을 바꾸는 일이다.

들이마시는 일 - 당신의 삶을 주님께 맡긴다. 믿음으로 성령 충만을 당신의 것으로 삼고 활용한다. 믿음으로 엡 5:18의 명령과 요일 5:14-15의 약속에 따라 성령께서 지금 당신을 주관하시고 능력 주심을 믿는다.

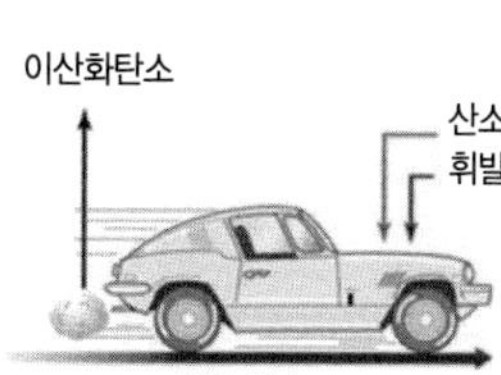

(가) 연소

(나) 호흡

# 6. 영적 건강상태를 종합적으로 진단하고 있는가?[3)]

## 영적 진단의 10대 원리

우리는 몸의 건강상태를 점검하기 위하여 종합검사를 받는다. 의사는 종합 건강검진에서 질문과 검사를 통하여 몸의 건강상태를 평가한다. 오늘날에도 사람의 영적인 건강을 분별하려면 질문과 검사를 해야 한다. 성령의 도우심으로 스스로 자신의 영적 상태를 검사하는 것이 필요하다.

건강해지려면 당연히 생명이 있어야 한다. 그리스도를 통한 영생이 있는 곳에 건강과 성장이 있다. 예수님은 성도의 영적 생명의 원천이며 영적 건강의 기준이 되신다. 그리스도인은 모든 면에서 그리스도를 닮아야 한다. 만일 그리스도의 성품을 닮지 않은 사람은 그리스도인의 자격이 아니다. 그리스도인이 예수님께 속한 본성과 영을 가지는 것이 매우 중요하다.

❒ 진단항목 1 - 하나님을 향한 목마름을 추구하고 있는가?

사람의 영혼 속에는 어떤 목마름이 있으며, 그 종류도 사

3) 우수명 역(2005)

람마다 다르다. 예수님을 믿지 않는 사람은 공허한 영혼을 가져 이를 채워줄 무언가를 찾아다닌다. 공허한 영혼은 인생에서 어떤 것을 갈망하듯 상관이 없다. 메마른 영혼의 목마름이 있는 사람은 생수의 강인 예수님을 영접한 적이 있다. 이 사람은 생수의 강을 맛보아서 지금 상실한 것이 무엇인지 알고 있다. 세상의 짭짤한 물을 너무 마시면서 여호와의 말씀을 묵상하는 일은 적다.

즉 특정한 죄들에 대하여 많은 주의를 기울이지만, 하나님과의 교제에 대하여 주위를 기울이지 않는다. 그래서 그리스도인의 영혼은 메말라 간다. 하나님이 성도에게 항상 임재하고 계신 사실을 인식하지 못하면, 우리의 영혼이 메마르게 된다. 성도에 정신적, 육체적 피로가 지속되면 영적으로 메마르며, 영적인 성장을 감지하지 못한다. 메마른 영혼은 하나님의 임재에 대한 감각을 되찾는 것이 중요하다.

만족한 영혼의 목마름이 있는 사람은 하나님을 향해 목말라한다. 그 맛은 너무 독특한 만족을 주기 때문에 더욱 간절히 구하게 된다. 사도 바울은 예수님에 대한 그의 현재의 지식과 그 분과의 관계에 대하여 뛸 듯이 기뻐하였다(빌 3:7-8). 하버드 대학의 설립자며 목사인 토마스 셰퍼드는 그리스도를 알아가는 것이 영적인 갈증을 해결하는 길이라고 말했다. 예수님만이 유일한 만족의 세계를 제공하시므로 그리스도를 알게 되면 불만족 상태가 절대로 발생하지 않는다.

그러나 하나님은 예수님에 대한 단 한 번의 경험으로 미래의 모든 갈망까지 충족되도록 인간을 설계하지는 않았다. 하나님과 그의 의로우심에 영적으로 목말라 하는 갈망은 축복이다(사 30:18). 왜냐하면, 하나님이 영적인 목마름을 일으키시고 하나님을 향해 목마르게 한다(롬 8:5,15). 하나님은 영적인 목마름을 채워 주시기 위해 목마름을 주신다. 하나님은 스스로 목마름을 창조하시는 데, 이것은 그분 자신이 다시 그 목마름을 채워주시기 위함이다(시 107:9). 경건한 자는 사람이 알 수도 없고 상상할 수 없는 행복이 준비되어 있다. 하나님은 상상할 수 없는 충만한 기쁨을 우리에게 주시기 위해 인간을 창조하셨다. 목마름은 천국 본향을 향해 가는 영혼의 성장을 위해 하나님이 선택한 계획의 일부이다.

**📖 영적 갈급함을 갖는 3가지 방법**

❶ 성경을 묵상하라.
❷ 성경을 가지고 기도하라.
❸ 영적으로 목마르게 하는 서적을 읽으라.

하나님을 향해 영적인 갈급함을 갖기 위해서는 방법이 필요하다. 우선 성경을 묵상해야 한다. 성경 말씀을 묵상하면 새 힘을 얻고 더 많은 것을 얻고자 하는 갈증이 생긴다. 성경의 한 부분을 읽은 다음, 같은 쪽에 있는 한 부분을 가지고 기도한다. 신약에서는 두 번이나 시편을 가지고 노래할 것을 그리스도인에게 명령하고 있다(엡 5:19; 골 3:16). 이것은 성도에게 하나님을 향한 영적 갈망을 계속 새롭게 해주고 하나님과의 실제적인 사귐으로 이끌어 준다. 우리를 영적으로 목마르게 해주는 작가들의 책을 읽는 것도 아주 필요하다. 이것을 통하여 우리 영혼의 목마름을 해결하고 만족해진다.

❐ 진단항목 2 - 하나님의 말씀을 지속적으로 듣고 읽는가?

사람이 세상에서 취하는 가장 값진 물건이 다이아몬드, 황금 같은 것을 생각할 수 있다. 사람의 생명을 유지하기 위하여 음식과 물처럼, 사람의 영이 살기 위해서는 성경이 반드시 필요하다. 하나님의 말씀은 성도에게 기쁨과 마음의 즐거움이고 사람은 하나님의 말씀으로 살게 되어 있다(렘 5:16; 마 4:4). 영혼의 양식인 성경이 없다면 우리는 영원히 멸망하게 될 것이다.

하나님의 말씀은 완전하고, 확실하며, 정직하고, 순결하고, 정결하며, 의로우니, 꿀과 송이 꿀보다 더 달고, 금 곧 많은 정금보다 더 사모할 것이다(시 19:7-10). 하나님의 말씀은 영혼을 소성케 하고 우둔한 자를 지혜롭게 하며, 마음을 기쁘게 하고 눈을 밝게 해준다(시 19:7-9). 성경은 우리의 혼과 영과 관절과 골수를 찔러 쪼개기까지 하며 또 마음의 생각과 뜻을 판단하신다(히 4:12). 그리스도인은 일상생활에서 성경의 영향을 받아야 한다. 하나님의 말씀은 성도들이 예수님의 형상을 점점 더 닮아 성장하게 하려고 먹이시는 만나이다. 따라서 하나님의 말씀에 따라서 매일의 삶을 신중하게 살아가는 것이 대단히 중요하다. 성경과의 만남이 거의 없거나, 있다 하더라도 틀에 박힌 만남만으로 만족하는 사람은 영적인 퇴보보다도 더 나쁜 상태에 놓인다.

진실한 성도는 하나님의 진리에 감탄하고 사랑하는 사람이다(시 119편). 진리를 사랑하는 것은 멸망하느냐 구원을 받느냐의 문제로, 진리에 무관심한 것은 영적 죽음의 표시이다.

예수님은 기록된 하나님의 말씀에 지속적인 지배를 받으셨고 오직 성경만을 의지하셨다(마 4:1-11). 그분은 어릴 적부터 성경을 배우셨고 알고 있는 성경을 생활과 사역에 적용하셨다. 선지자 이사야가 살던 시대도 우리가 영적 어둠 속에 있게 되면 하나님의 말씀으로 인도를 받지 못한다고 말하였다(사 8:20). 큰일이든 작은 일이든, 중요한 혹은 사소한 선택이든 우리 삶의 모든 영역이 하나님의 말씀으로 지배받아야 한다. 그렇게 살기 위해서는 성경을 부지런히 묵상해야 한다(시 119:105). 우리가 어딜 가든, 그리고 어떤 결정을 앞에 두고 인생의 길은 하나님의 말씀에 의해 조명을 받는 것이 매우 중요하다. 이를 테면, 성도는 주일을 어떻게 보내기로 선택했던지 하나님의 말씀에 근거해서 결정하고 행동해야 한다. 성경은 성도의 삶 가운데 일어나는 모든 일에 대한 잣대와 평가 기준이다. 하나님은 그의 말씀이 모든 선한 일을 하도록 우리를 인도해준다고 단언하신다(딤후 3:16-17).

여기에서 하나님의 말씀을 의뢰하는 방법을 아는 것이 필요하다. 우선 하나님의 말씀에 대한 열망을 심화시켜야 한다. 성경을 즐기도록 훈련하는 것이 필요하며, 성경에 대한 배고픔을 느끼는 것이 중요하다. 성경을 가지고 기도하고 묵상해야 한다. 또한, 하나님의 말씀을 들을 수 있는 시간을 만

**📖 성경을 의뢰하는 4가지 방법**

❶ 성경에 대한 열망을 심화시켜라.
❷ 성경을 들을 수 있는 시간을 만들어라.
❸ 성경을 매일 읽어라.
❹ 성경적인 관점에서 생각해 보지 않았던 것을 적어도 5가지 이상 적어 보라.

들어야 한다. 성경을 매일 읽는 것이 매우 중요하다. 단순히 지식이나 정보를 얻기 보다는 성경을 생활에 적용하기 위해 성경을 읽는다. 최근에 자신이 성경에서 말하는 관점에서 생각해 보지 않았던 것을 적어도 5가지 이상 적어보는 것이 필요하다. 그런 다음에 성경을 읽으면서 닷새 동안 매일 한 분야씩 기도 가운데 생각해 본다. 이것은 하나님에 대한 사랑을 나타내는 것이며 하나님의 말씀 안에 있는 지혜와 진수를 얻기 위한 것이다.

❒ 진단항목 3 - 하루에 1가지씩 하나님의 사랑으로 선한 일을 하는가?

예수님의 사랑은 그리스도인의 가장 확실한 표증이다(요 13:34-35). 만일 다른 사람에 대한 사랑이 우리 안에 자라고 있다면, 그리스도인으로서 성장하는 것이다(요 15:12, 17; 롬 12:10; 고전 16:14; 갈 5:14; 엡 5:2). 사랑은 기독교의 상징이며 특징이다. 그리스도인은 많은 분야에서 모범적이다. 여기에는 증거가 되고 가르치는 능력, 설교능력도 포함된다. 또한, 성격적인 안목과 지식도 들어가며 신앙, 봉사와 구제도 포함된다. 그러나 이런 것들도 하나님의 사랑이 수반되지 않는다면 아무런 의미가 없다(고전 13:1-3).

사랑이 식을 때 죄가 점점 모습을 나타내며, 우리는 예수님의 모습에서 차츰 멀어진다(고전 13:4). 우리의 마음이 사랑에 무뎌지면 점점 사람에게 무례해진다. 우리 자신에 대한 염려가 시작되면서 자기 권리를 다른 사람의 권리나 필요보다 더욱 중요시 한다. 자신의 일을 위해서는 시간을 내면서도 다른 사람들을 위해서는 시간을 내지 않는다. 사랑이 식으면 무슨 일이든 소극적이며 비기독교인에게 무관심으로 나타난다. 사랑이 약해지면 손 대접하기를 힘쓰는 일을 하지 못한다.

예수 그리스도만이 완전한 사랑을 실천한 유일한 분이다. 어떤 사람은 자신이 아주 많은 사랑을 자신, 가족과 사회에 대하여 베푼다고 자랑한다. 사랑의 기준은 자신의 마음이 아니라 오직 성경이 정의하며 실천해야 한다고 말하는 것이다 (렘 17:9).

사랑에도 여러 종류가 있다. ① 자연적인 사랑이다. 하나님은 우리가 비록 타락한 세상에 살지만 자연적으로 어떤 사람을 사랑하게 하셨다. 정상적인 상황에서 부모가 자녀를, 가족 간의 사랑 및 친구 간 사랑은 신앙에 상관없이 누구나 행한다. ② 지나친 자기 사랑이다. 사람들 사이에 흔히 일어나는 사랑으로 상대방을 사랑하는 것은 그가 자기를 위해 해주는 뭔가 있기 때문이다. 이것은 단지 보상을 바라고 베푸는 거래로서 그리스도인의 사랑이 아니며 세상 사랑의 축소판이다. 얼마나 예수님을 닮았던가 하는 것에 대한 테스트는 사랑하지 않는 사람을 자신이 얼마나 사랑하는 가에 달렸다. ③ 불균형적인 사랑이다. 즉 몸과 영·혼이 통일체가 되지 못한다. 어떤 사람은 사람의 겉모습에 따라 사랑을 달리 표현한다. 어떤 사람은 사람의 영·혼을 매우 사랑하는 것 같지만, 그 들의 몸에 대하여 긍휼을 베풀지 않는다.

예수님은 사람의 영·혼과 육체 모두에 대해 사랑으로 대하셨다. 그분은 무엇보다도 죄인들을 영원히 구원하시기 위해 이 세상에 오셨다. 따라서 우리가 다른 사람에게 주는 최고의 사랑 행위는 영광스러운 몸으로 살게 될 영생으로 인도하는 말씀을 전하는 것이다. 말과 혀로만 사랑하지 말고 오직 행함과 진실함으로 해야 한다(요일 3:18). 사랑 안에서 자라가는 사람은 적어도 세 가지 영역에서 사랑을 나타낸다. 다른 사람, 비 그리스도인이나 가족에 대한 사랑이 강화된다.

이 세상에서 진정한 그리스도의 사랑을 개발하는 것이 필요하다. 왜냐하면, 성도는 타락한 인간의 본성과는 전혀 다른 고차원의 은혜의 능력 아래 있기 때문이다. 기독교인은 천국에서 예수님을 뵐 때까지 사랑 안에서 성장해야 할 의무가 있다.

현재의 처지가 어떠하든지 그리스도를 닮아가는 은혜 안에서 성숙해지는 방법이 있다. 이를 위해서는 그리스도인의 사랑에 대해 묵상하며(롬 12:1; 고전 12장), 하나님 사랑의 불로 가슴이 뜨거워져야 한다(엡 3:18-19). 하나님의 사랑으로 사랑함으로써 하나님이 우리 아버지이신 것을 확증하고 하나님을 닮아가는 일을 즐거워한다(엡 5:1-2). 또한, 사람 안에서 성장하는 데 가장 필요한 인간관계를 규명하며 사랑을 주도적으로 표현할 필요가 있다.

### 📖 하나님 사랑개발의 6가지 방법

❶ 가장 중요한 구별된 표시로써 그리스도인의 사랑에 대해 묵상한다.
❷ 하나님의 사랑의 불로 가슴이 뜨거워지게 한다.
❸ 하나님이 사랑하시는 것처럼 사랑함으로써 하나님이 우리 아버지이신 것을 확증한다.
❹ 하나님을 닮아 가는 일을 즐거워한다.
❺ 사람 안에서 성장하는 데 가장 필요로 하는 관계들을 규명한다.
❻ 사랑을 주도적으로 표현한다.

❒ 진단항목 4 - 예배 가운데 임재하시는 하나님을 구하는가?

믿는 자의 영혼이 건강하면, 때를 따라 하나님과 교제할 목적으로 하나님의 임재가운데로 나아온다. 우리는 성령이 충만하거나 열심히 기도할 때 하나님의 임재를 느낀다. 아름다운 자연풍경을 보거나 위기의 사고순간에서 하나님이 바로 곁에 계시는 느낌을 받을 수 있다. 웅장한 예배와 찬양 가운데서 하나님의 임재가 압도적으로 분위기를 사로잡는 것같이 느껴졌을 것이다. 우리는 일상생활에서 하나님의 임재를 자주 경험해야 한다.

어느 기독교인 조사에 의하면, 거듭난 그리스도인의 32% 정도가 하나님의 임재를 전혀 느껴본 적이 없거나 지금까지 고작 한두 번 경험해 보았을 뿐이라고 대답하였다. 그리스도인이 하나님과의 동행에 둔감해지면, 하나님의 말씀을 묵상하고 하나님의 뜻을 생각하는 시간이 점차 줄어든다. 이것은 하나님을 모르는 비기독교인과 별로 다르지 않다.

하나님이 가까이 계심에도 그의 임재를 느끼지 못한다면 하나님에게 관심이 적고 죄를 억제하는 생각이 줄어든다. 하나님의 현존을 느끼지 못하고 사는 것은 하나님이 정말 없다고 생각하며 사는 것이다. 이것은 하나님이 아닌 다른 사물, 몽상, 그리고 세상의 쾌락을 좇는 삶이다. 이럴 때 하나님과의 관계는 단지 종교로 전락해 버리며, 영적 훈련은 단순히 의무 또는 심지어 율법주의로 귀착된다. 그래서 공적 예배에 참석하는 것이 의무사항으로 되어 버린다.

하나님은 어디에나 계시며 하나님이 계시지 않는 곳은 없는 보편적으로 임재 하신다(시 139:5-12; 렘 23:24). 하나님은 예수 그리스도 안에(골 2:9; 요1:1), 성도 안에(요 14:6-7), 사역과 영향을 통해(눅 1:66; 행 11:21), 하늘나라에서(마 6:9), 영원히(계 21:3; 살후 1:9) 임재하고 계신다. 따라서 하나님의 임재는 보편적인 것을 제외하고 오직 예수님을 통하여 접근할 수 있다. 성자 하나님만이 성부 하나님으로 가는 길이다(요 14:6). 사람은 자기 안에 계신 그리스도를 체험할 때까지는 "자기와 함께 계시는 하나님"의 임재를 확실히 깨닫지 못한다. 일반적으로 하나님은 피조물을 통하여 계시하셨지만(롬 1:20), 훨씬 더 구체적으로 말씀을 통하여 계시하셨다. 그 말씀은 우리에게 성육신하신 말씀(예수님)과 기록된 말씀(성경)을 통해 다가왔다.

따라서 우리는 성경, 즉 하나님의 말씀에 기초한 체험과 방법을 통하여 일상생활에서 하나님께 기도하고 교제해야 한다. 그리스도인은 성경 안에 계시된 하나님의 진리를 통해 하나님의 임재를 구하고 경험할 수 있다. 하나님에 대한 자신의 경험을 하나님의 말씀에 근거하여 확인하는 것이 중요하다. 이를 통하여 매 순간 우리의 모든 것을 아시며 무척 사랑하시며 우리와 동행하시는 하나님의 존재를 체험한다. 우리는 주님과의 친밀함을 적게 느끼면서도 영적으로 성장할 수가 있다. 그리스도인은 가기가 완전히 혼자라고 느꼈지만, 믿음으로 전진해 나갈 때 영적으로 성장한다. 만일 하나님이 우리와 함께 하심을 인식하지 못한다면, 설령 우리가 그리스도를 닮은 일에 진보가 있고 하나님의 뜻 가운데 인내하더라도, 그분의 축복을 의식하지 못하면서 삶에 만족하거나 삶에 얽매여 있지 않은지 돌아봐야 한다. 우리는 삶의 모든 영역과 순간에서 하나님의 임재를 인식하고 재확인하는 것이 매우 중요하다.

**📖 하나님의 임재를 경험하는 4가지 방법 ✏**

❶ 하나님이 자기 자신을 가장 분명하게 계시하시는 장소를 자주 찾아라.
❷ 하나님과 대화함으로써 그분의 임재를 인정하라.
❸ 회중예배 가운데서만 경험할 수 있는 하나님의 임재는 특별하다. 예배 가운데 임재하시는 그분을 구하라.
❹ "하나님은 모든 곳에 거하신다."라는 진리를 계속해서 재확인하라.

❐ 진단항목 5 - 물질 또는 시간으로 나눔을 실천하는가?

기독교는 다른 사람에 대하여 관심을 두는 종교이다. 현실적인 또는 영적인 필요이든 기독교는 신분이 같은 사람이나 다른 집단의 사람에게까지 사랑과 자비를 보이는 종교이다.

다른 사람의 필요를 살피는 지각 있는 눈과 다른 사람을 돕는 신속한 손은 그리스도 안에서 거듭난 사람의 출생표시가 된다. 다른 사람의 필요를 채워주는 것이 예수님의 방식이다. 예수님을 따르는 사람은 다른 사람의 영적 · 현실적인 필요에 큰 관심을 보이며 그분을 닮아간다.

예수님은 종종 환자의 몸을 치유하시며 진리를 가르치는 모습으로 모범을 보이셨다. 성경에서는 사람들의 영적이고 현실적인 모든 필요에 관심을 두어야 한다고 가르친다(행 4:33-35). 사도인 야고보, 베드로 및 요한이 바울과 바나바를 이방인을 위한 선교사로 파송할 때, 바울은 자신들이 설교자와 구제의 일을 부탁받았음을 기록하고 있다(갈 2:10).

우리는 영적 굶주림에 있는 사람에게 복음을 전하며 물질적으로 절박한 필요도 채워주는 균형 잡힌 신앙생활과 방법이 필요하다(약 2:15-16). 우리는 현실적 또는 영적인 필요를 채워주는 일이 상호보완적이고 균형잡힌 일이라는 것을 깨달아야 한다.

예수님은 현실적이며 영적인 필요를 충족시켜 주는 균형있는 모습을 보이셨다. 그분은 "내가 온 것은 양으로 생명을 얻게 하고 더 풍성히 얻게 하려는 것이라."(요 10:10)라고 말씀했다.

**📖 다른 사람의 필요를 채우는 3가지 방법 ✎**

❶ 위대한 안과의사에게로 가라.
❷ 모든 사람의 마음과 가정 속에 있는 상처를 찾아보라.
❸ 복음과 다른 사람들의 유익을 위해 좋은 일을 행하라.

❐ 진단항목 6 - 교회공동체의 필요에 귀를 기울이는가?

예수님의 영을 받았던 성도는 예수님이 사랑하사 목숨을 바친, 곧 그의 신부인 교회를 사랑해야 한다. 우리가 교회를 구성하는 백성을 기뻐하는가를 통해 그리스도에게 속해 있는지를 안다. 하나님의 영이 내주하는 사람은 성도로서 거룩한 사람이다. 성도가 교회에 습관적으로 출석하는 것은 잘못된 것이다. 교회의 신앙생활은 진정한 마음으로 원하고 자발적인 기쁨을 통하여 이루어져야 한다. 교회를 즐거워하는 것은 거듭난 사람들 안에 자연스럽게 생겨나는 것이다. 하나님의 백성은 하나님의 백성들과 같이 있을 때 마음이 밝아지고 심령이 따뜻해진다. 하나님께서 이 세상을 그대로 유지하시는 것은 교회의 사역이 아직 마무리되지 않았기 때문이다. 우리의 목적도 교회의 사역, 교회 공동체를 위한 것이 되어야 한다.

**📖 교회 공동체를 즐거워하는 2가지 방법 ✎**

❶ 예수님의 신부가 하는 일을 예수님이 보신다고 생각해 보라.
❷ 예수님의 신부라는 사실을 기뻐하는 모습을 남들이 확실히 알 수 있도록 보여라.

❐ 진단항목 7 - 하루에 1시간은 기도와 말씀으로 영적 훈련을 받는가?

영적 훈련이란 우리가 하나님 앞에 나아가 그분을 체험하고 그리스도의 형상으로 변화되도록 정하신 하나님의 통치수단이다. 영적 훈련은 성경적이며 그분의 기록된 말씀 안에서 찾을 수 있어야 한다. 영적 훈련은 태도가 아니라 연습이며, 성령의 열매와 혼동해서는 안 된다. 예를 들어, 기도는 영적 훈련이지만 사랑은 엄밀히 말해서 훈련은 아니다. 그리스도인의 영적 훈련은 경건과 거룩함을 위한 수단이며 그것이 없이는 아무도 주를 보지 못할 것이다.

영적 훈련은 그리스도를 사랑하는 자들이 예수님과 의도적으로 교제하는 성경에서 말하는 길이다. 이것은 예수님과 교제하는 통로이므로 주님 안에서 지속적인 영적 성장이 이루어지도록 도와준다.

그러나 영적 훈련은 기계처럼, 영적 훈련을 받기만해도 예수님처럼 되는 훈련이 아니다. 오직 하나님의 은혜가 훈련 가운데 역사해야 훈련받는 사람이 변화된다. 그리고 영적인 훈련은 공동체적인 훈련과 개인적인 훈련이 함께 있어야 한다. 그리스도와 함께 친밀한 교제를 나누며 그분의 말씀을 들을 수 있는 충분한 시간을 가져야 한다. 그렇지 않으면서 그리스도를 위해 일하는 것은 영적으로 건강하지 않은 것이며 잘못된 처사이다.

**영적 훈련을 위한 3가지 방법**

❶ 효율성을 추구하고 당면과제를 처리하는 일에 전념하기보다는 영적 훈련을 통해 그리스도를 닮는 것을 추구하면서 하나님이 기뻐하는 일에 전념하라.
❷ 단기간에 그리스도를 닮는 방법이 있다는 사람의 유혹을 물리쳐라.
❸ 적어도 하나 이상의 분명한 불쏘시개를 가지고 영적인 생명의 불을 지펴라.

❒ 진단항목 8 - 죄에 대하여 애통한 마음으로 기도하는가?

죄에 대해 애통하는 것은 은혜 안에서 성장하고 있다는 증거이다. 죄를 미워할수록 우리는 구세주인 예수님을 죽였다는 사실에 애통한다. 어떤 사람은 거룩하신 예수님 앞에서 거룩하지 못한 죄에 대해 가슴 아파하지 않는다. 그러나 기독교인은 죄의 문제와 그리스도를 통해 얻은 용서와 은혜, 영적 자유를 누리는 문제를 균형있게 다루는 것이 바람직하다.

죄는 한 번의 용서로 해결된다. 그러나 그리스도인이 거듭 태어날 때 가졌던 첫 경험, 곧 회개와 믿음의 경험은 일상의 삶을 통해 늘 발생한다. 하나님의 뜻대로 하려는 근심과 경건한 슬픔은 회개, 즉 죄에 대한 마음의 변화를 일으킨다. 이것은 다시 행동의 변화를 가져온다. 그러나 죄에 대한 세상의 슬픔에는 촛점이 자기 자신, 자기 연민과 실망, 두려움이 들어가 있다. 세상의 슬픔은 그 자체가 죄이다. 왜냐하면, 그것의 주된 관심은 자기를 향해 있기 때문이다. 그러나 경건한 슬픔이란 하나님을 향한 슬픔이다. 우리의 촛점이 우리가 아닌 하나님이 되는 것이다.

**📖 죄에 대한 슬픔이 없는 성도의 5가지 점검방법 ✎**

❶ 신약성경의 복음(예수님의 죽음, 믿음과 회계 관계)을 이해하고 있는지 점검해 보라.

❷ 하나님께 죄의 실체를 보여 달라고 간절히 간구하여라.

❸ 시편 51편을 가지고 천천히 기도하라.

❹ 하늘로부터 내려오신 거룩하고 죄 없으신 분이 바로 우리의 죄로 말미암아 십자가에 못 박히셨다는 사실을 묵상하라.

❺ 복음을 여러분 자신에게 매일 전파하라.

❐ 진단항목 9 - 내가 잘 못한 사람에게 용서를 구할 것이며, 내게 용서를 구하는 사람을 빨리 용서하는가?

용서는 예수님 안에서 해방과 기쁨을 찾는 지름길이며 하나님의 뜻이다. 기꺼이 다른 사람을 용서하려는 사람은 하나님의 은혜를 받았다는 점에서 희망이 있다. 많은 이들이 용서할 준비가 되어 있는 것과 실제로 용서를 베푸는 차이를 이해하지 못한다. "죄를 지은 사람이 회개한다면, 우리는 당신을 용서합니다."라는 말을 통해 용서 과정을 마무리할 수 있다. 용서를 구하지 않았는데 용서를 선포하는 사람은 회개의 중요성을 무시하고 성경의 요구사항도 오해하고 있다.

성경은 용서하고 잊어버리라고 말씀하시지 않는다. "당신을 용서합니다."라는 말은 그 죄를 결코 다시 떠올리지 않겠다는 말이 아니다. 오히려 그 죄를 범한 사람을 대적하는 일에 그것을 절대 사용하지 않겠다는 약속이다. 그 범죄를 완전히 잊지는 못할지라도 그 사람을 용서한 사람으로 대우해야 한다는 의미이다.

**📖 용서의 마음을 살피는 3가지 질문 ✎**

❶ 여러분은 용서할 준비가 되어 있는가?
❷ 어떤 사람에 대해 먼저 용서하는 일을 시작할 필요가 있는가?
❸ 여러분은 용서를 사랑하는가?

❐ 진단항목 10 - 오늘 하루의 삶 속에서 천국의 삶을 기대하며 살고 있는가?

기독교인은 천국에 영원히 살면서 하나님 백성과 영원한

교제를 소망하며 탄식하는 것이다. 이것이 바로 성장하는 그리스도인이다. 또한, 성도는 그저 안식하는 천국이 아니라 거룩한 천국을 열망한다. “거룩하다.”라는 것은 하나님을 점점 더 그리워하기 때문에 죄로 물든 세상에 사는 것이 더 불편하게 된다.

그리스도인의 한 가지 성장방법은 성령의 놀라운 능력이 행한 위대한 일 또는 내용을 깊이 묵상하는 것이다. 특히 예수님과 천국에 대해 묵상한다. 이런 그리스도인은 거룩한 예수님을 보고 싶은 기대 가운데 자신의 죄를 회개한다. 천국의 거룩함을 사모할 때 우리는 자연히 현재의 거룩함을 추구하게 된다. 거룩함이란 가만히 앉아서 기다릴 수 있는 것이 아니라, 우리가 그것을 추구해야 한다. 성장하는 그리스도인은 하늘 본향에 다가갈수록 천국에서 자신을 기다리고 있는 하나님에 대해 더 많이 생각하고 열망하며 살아간다.

**✱ 영적 자가진단을 위한 10가지 질문**

❶ 당신은 하나님을 향한 목마름이 있는가?
❷ 당신은 하나님의 말씀을 지속적으로 듣고 있는가?
❸ 당신의 사랑은 점점 더 커지고 있는가?
❹ 당신은 하나님의 임재에 대해 전보다 더욱 민감한가?
❺ 당신은 다른 사람의 필요에 더 많은 관심을 기울이고 있는가?
❻ 당신은 교회공동체를 즐거워하는가?
❼ 당신은 영적 훈련을 중시하는가?
❽ 당신은 죄에 대해 점점 더 애통해하는가?
❾ 당신은 용서를 빨리 하는가?
❿ 당신은 천국의 삶을 기대하고 있는가?

## ☀ 예수님을 만난 영적 승리인생 1 ☀

✞ 신앙고백 시집 '어느 무신론자의 기도' 펴낸 이어령 교수[4] ✞

이어령(74) 이화여대 석좌교수가 평론가로 활동한 지 52년 만에 신앙고백을 담은 시집 '어느 무신론자의 기도'(문학세계사)를 출간했다. "하나님/당신의 제단에/꽃 한 송이 바친 적이 없으니/절 기억하지 못하실 겁니다./그러나 하나님/모든 사람이 잠든 깊은 밤에는/당신의 낮은 숨소리를 듣습니다./그리고 너무 적적할 때 아주 가끔/당신 앞에 무릎을 꿇고 기도를 드립니다."

우리 시대의 대표적 지성이 기독교 입문 후 성서의 가치에 매료되어 신앙시의 강물을 연 사실은 예삿 일이 아니다. 무신론자였던 그가 하나님을 영접한 것은 지난해 7월 일본 도쿄의 한 호텔에서 하용조 서울 온누리교회 담임목사로부터 세례를 받으면서 부터 시작되었다. 하 목사가 손에 물을 적셔 그의 머리에 얹고 기도할 때 그의 가족은 감격스러워했다. 그는 암과 시력장애를 앓던 딸과 주의력결핍 과다행동장애(ADHD) 증후가 있던 외손자의 병이 치유되는 과정에서 신앙을 받아들였다. "딸과 손자의 치유라는 기적 때문에 기독교인이 된 것은 아닙니다. 기적은 구제의 상징이지, 목적은 아니지요. 하지만 몇 년 전부터 지상의 언어에서 한계에 부딪혔던 것 같아요. 밤이면 텅 빈 내 방이 마치 사원처럼 느껴졌으니까요."

4) 국민일보(2008.7.30)

그 때 쓴 시가 '어느 무신론자의 기도'다. 30일 서울 프레스센터에서 가진 간담회에서 그는 "문학이 죽었다거나 문화가 상업화됐다고 하지만 우리나라만큼 순수문학에 대한 열정, 시를 사랑하는 문화가 자리 잡힌 나라는 드물다."며 "이 시집을 내 문학의 정수로 삼고 싶다."고 말했다. 칼릴 지브란이 그랬던 것처럼 그의 시에는 예지가 있고 인간 정신을 깨우는 신비한 힘과 잠언이 스며 있다. "그 갈증의 뿌리가 나뭇가지마다/포도송이를 영글게 할 때/포도원지기는 이마의 땀을 씻고 말한다 하더라/이 포도밭은 당신의 것/당신이 이 포도밭의 주인이라고."('포도밭에서 일할 때' 중) 그의 시는 고백이기도 하고 전율, 회한, 구도이자 하나님께 바치는 지극한 첫사랑의 연가다.

## 예수님을 만난 영적 승리인생 2

### MBC 앵커에서 목회자로 변한 조정민 목사[5]

"신학공부를 할 때였어요. 나이가 드니 기억력도 떨어지는데다 그리스어와 히브리어로 성서를 공부하려니 죽겠더군요. 엎친 데 덮친 격으로 안면 마비가 왔고 심장 수술까지 받았

5) 파이낸셜 뉴스(2007.7.17)

죠. 그런 저에게 아내가 답답한 듯 '그래도 좋냐'고 묻더라고요." MBC TV 뉴스데스크 앵커, iMBC사장 등 화려했던 직함을 버리고 목회자로 변신한 조정민 씨(56)의 말이다. iMBC 사장으로 재직하던 그는 4년 전 회사를 그만둔 후 미국 보스턴 고든 콘웰 신학대로 떠났다. 독실한 신자인 아내마저 만류했던 길이다.

"직장 생활을 하면서 평범한 목회 활동을 하는 게 어떻겠냐며 끊임없이 설득을 했어요. 하지만 하나님께는 '풀타임'으로 헌신해야 하는 것'이라는 담임 목사의 설교가 가슴 깊이 박혔죠. 확신이 들자 이전의 직함을 버리는 것이 하나도 아깝지 않았습니다." 조씨는 10년 전 집 근처 골프 연습장에 갔다. 인근교회에서 흘러나오는 새벽 기도 소리에 끌려 신자가 됐다. 그는 사소해 보이는 이 경험을 '부르심(calling)'이라고 칭했다.

"제 나이 마흔이 훌쩍 넘었을 때였죠. 기막히게도 때를 잘 맞췄다고 생각해요. 조금만 더 젊었더라면 혈기 왕성한 저에게 그 기도 소리가 들렸을까요. 남들이 보기엔 좀 늦을지도 모르지만 저에겐 가장 적절한 때였죠." 그는 보다 많은 사람들에게 하나님의 '굿뉴스(good news)'를 전하는 목회자가 되고 싶다고 거듭 말하였다. 기자로 재직하던 당시에는 좋은 소식보다 나쁜 소식을 전해야 하는 일이 많았기 때문에 지금의 선택이 더욱 값지다고도 했다. 또 '종교'라는 말 대신 '지저스 패러다임'이란 용어를 사용해 믿음의 깊이를 드러냈다.

"신이니까 무조건 믿자는 게 아닙니다. 제가 생각하기에 예수님은 고결한 희생정신을 가진 혁명가에요. 이 세상 모든 사람들이 자기 욕심을 버리고 양보하는 마음으로 산다면 지금보다 훨씬 살기 좋아지지 않을까요. '지저스 패러다임'은 바로 이런 가치관을 사람들에게 전파하자는 겁니다." 그는 또 인터뷰 말미에 기자에게 "믿음이 있느냐"고 물으며 "유명해지기 위해서 인터뷰를 하는 게 아니라 영향력 있고 젊은 사람들에게 누구나 진실한 크리스천으로 거듭날 수 있다는 것을 알리기 위해 하는 것"이라고 설명했다. 또 "하나님의 말씀을 실천할 자신이 없어 미루기만 하는 이들에게 격려와 용기를 주고 싶다"고 강조했다. 한편 조 씨는 이르면 올해 10월께 목사 안수를 받고 온누리교회에서 본격적으로 목회활동을 할 예정이다.

## 다시 생각하기 !

예수님 안에서 건강한 영은 영원한 생명과 진정한 행복을 가져온다. 인간은 근본적으로 무엇인가를 갈망하는 존재이다. 이러한 인간은 의심하며 죄악 된 존재로서 생활한다. 하나님은 존재하지만, 인간은 개인적인 경험과 판단으로 하나님을 비난하고 체험하지 못한다. 하나님의 절대적 존재성에 대한 영적인 경험은 생명의 근원을 발견하게 한다. 사람은 형식적인 자세를 벗어나 자신의 종교에 대한 확신 있는 믿음이 중요하다.

사람은 근본적으로 행복에 대한 욕구가 있다. 진정한 행복과 건강은 돈, 명예와 권력이 가져다주지 못한다. 인간의 진정한 행복과 온전한 건강은 하나님 안에서 발견할 수 있다. 즉 인간은 하나님의 살아계심을 발견할 때, 환경을 초월하여 새 생명을 맛보는 은혜, 감격과 행복을 체험하게 된다. 행복의 근원은 영의 건강성을 회복하는 것이며 이것은 하나님과 그의 독생자 예수님 안에 있다.

하나님은 영원부터 영원까지 스스로 존재하시는 유일하신 한 분이시다. 하나님은 존재하지만, 인간의 눈에 보이는 분이 아니며 증명할 수 있는 대상이 아니다. 인간이 신의 존재를 증명하는 것은 객관적이며 과학적인 작업이 아니다. 그러나 인간은 각자의 지식과 생각으로 판단하는 경향이 강하다. 하나님의 존재에 대한 직관적, 영적인 경험은 인간의 학문으로 증명하거나 이해하기 어렵다. 때로는 이성적인 사람에게 도움이 되는 하나님이 존재하신다는 자연계시, 도덕적 양심, 인과의 법칙, 인간의 하나님에 대한 욕구 등의 근거들이 있다.

역사적으로 실재했고, 하나님이자 인간이셨던 예수님은 죄로 말미암아 멸망과 심판받을 수밖에 없는 인간을 십자가의 죽음과 부활로 구원하시기 위하여 오셨다. 사람은 예수님은 누구시며 어떤 분인가에 대한 대답에 따라서 내세와 영원의 삶이 좌우된다. 예수님의 탄생은 예언되었고, 그는 역사의 방향을 바꾸었다. 그의 삶과 메시지는 개인, 민족과 국가에 큰 변화를 가져왔다. 기독교의 본질은 부활하시고 살아계신 구세주 예수님과 함께 생동감 있는 개인관계를 맺는 것이다.

그리스도의 믿음의 핵심은 그의 구속사역과 부활에 있다. 예수의 부활 때문에 진정한 제자는 살아계신 주님과 생생한 개인적인 관계를 맺는다. 그는 살아계셔서 믿고 순종하는 자에게 축복하시고 인생을 풍요롭게 만드신다. 사람이 영원히 건강한 영을 가지려면 예수님을 영접하고 구원받아야 한다. 이를 위해서는 예수님의 사랑하심과 죄 사함을 인정하고 마음의 문을 열고, 그를 구주와 하나님으로 영접해야 한다. 죄 사함과 영생 주심을 감사하고 기도한다. 예수 그리스도를 영접하는 자는 영원한 생명을 얻는다.

건강한 영적 생활을 영위하기 위해서는 성령의 충만함을 받아야 한다. 기독교인은 예수 안에서 풍성하고 열매 맺는 신앙생활을 체험한다. 성령의 충만은 믿음과 기도로 받는다. 그리고 영적인 건강상태를 종합적으로 진단하는 것이 중요하다. 성령의 도우심으로 자신의 영적 상태를 검진한다. 그리스도를 통한 영생이 있는 곳에 온전한 건강과 진정한 행복이 존재한다. 예수님은 기독교인의 영원한 생명의 원천이며 영적 건강의 토대가 되신다.

따라서 사람에게는 외형적이고 물질적인 신체건강도 소중하다. 그러나 가장 중요한 것은 영·혼의 건강성을 회복하여 자아의 정체성을 발견하고 영원한 생명을 소유하는 것이다. 이것이 진정한 행복이다. 근본적으로 소중한 것은 영원한 생명을 소유하는 구원을 받고, 영혼의 건강을 유지하는 것이다. 즉 예수그리스도 안에서 영혼의 영원하고 진정한 행복인 영생을 얻고, 하나님의 영광을 위해 인생을 사는 일이다.

# 기독교 정보 사이트

## ⌧ 포털서비스 ⌫

- 갓피플 http://www.godpeople.com
- 기독넷 http://www.kidok.net
- 기독포털 http://chportal.christiantoday.co.kr
- 호산나 http://www.hosanna.net

## ⌧ 기독교 신문방송 ⌫

- 국민일보 http://www.kukinews.com/mission2
- 기독교방송 CBS http://www.cbs.co.kr
- 기독교TV CTS http://www.cts.tv
- C3TV http://www.c3tv.com
- CGNTV http://www.cgntv.net

## ⌧ 기독교 성경 ⌫

- 다국어 홀리넷 http://www.holybible.or.kr
- C3TV 성경 http://bible.c3tv.com
- 대한성서공회 http://www.bskorea.or.kr
- 일일성경 http://www.eblending.com/online_bible

# 참고문헌


- 강병도, 톰슨 II 성경주석, 기독지혜사, 2009.
- 국민건강보험공단, 질병없는 사회: 건강보험의 꿈입니다, 2004.
- 국민건강보험공단, 건강한 삶을 위한 생활습관 지침서: 운동식사요법, 2006.
- 국민건강보험공단, 우리집 건강주치의, 2009.
- 김연수, 일 잘하는 사람들의 건강관리, 시대의 창, 2001.
- 김의원, 한영 해설성경-개정개역-, 성서원, 2007.
- 나용화, 명쾌한 기독교 신학과 생활, 기독교문서선교회(CLC), 2006.
- 무명의 그리스도인, 성경에서 건강의 맥을 잡아라, 예찬사, 2002.
- 보건복지가족부 · 국민건강보험공단, 약, 알고 사용해야 약이 됩니다, 2008.
- 배응준 역, 크리스천 생활백서, 존 메이슨 저, 규장, 2006.
- 우수명 역, 당신의 영적 건강을 진단하라, 도날드 휘트니 저, 도서출판 NCD, 2005.
- 이병욱, 하늘의 건강수칙 천국건강법, 규장, 2006.
- 장연집 · 박경 · 최순영, 현대인의 정신건강, 학지사, 2008.
- 주언종, 성장하는 그리스도인, 넥서스Cross, 2011.
- 한국대학생선교회(KCCC), C.C.C.10단계성서교제, 2004.
- 한국대학생선교회(KCCC), 4영리 소책자, 2005.
- 황용호 역, 기독교의 기본진리, 존 스토트 저, 생명의 말씀사, 2004.

- 홍문화, 성인병 없이 건강하게 사는 법, O.T.P, 2007.
- 홍영기, 지식형 크리스천, 교회성장연구소, 2004.
- 홍종락 역, 사랑과 원칙이 있는 자녀교육, 생명의 말씀사, 2005.8.
- 건강샘 http://www.healthkorea.net
- 건강인 http://hi.nhic.or.kr
- 국민건강보험공단 http://www.nhic.or.kr
- 국민건강정보포털 http://health.mw.go.kr
- 다음사이트 http://www.daum.net
- 네이버 사이트 http://www.naver.com
- 서울대학교 정신건강센터 http://wellbeing4u.snu.ac.kr
- 정신건강자료실 http://drchoi.pe.kr

## 지은이 소개

**정봉현**은 중앙대학교 학사, 서울대학교 석사 및 영국 셰필드대학교 박사를 취득하였다. KAIST · 국토연구원 · 해양수산개발원에서 근무하였고, 캐나다 토론토대학교 및 워털루대학교의 교환교수를 역임하였다. 한국대학생선교회(C.C.C.)와 나사렛 형제들 순장, 서울 광림교회 및 광주 동명교회를 거쳐 안수집사로서 광주 새순교회에 출석하고 있다. 현재 전남대학교 교수이며 평신도 전문선교사로 헌신하고 있다.

**한제선**은 수도여자사범대학(현 세종대) 학사, 건국대학교에서 석사를 취득하였다. 국립발레단에서 발레단 복음화 및 기독교 예술선교활동으로 헌신하였다. 한국대학생선교회(C.C.C.)와 나사렛 형제들 순장, 호산나 선교발레단 안무 · 지도위원으로 봉사하였다. 서울 광림교회, 광주 동명교회를 거쳐 광주 새순교회의 집사로서 예술선교를 통한 평신도 전문선교의 소명을 갖고 봉사하고 있다.


# 영 · 혼 · 육의 건강과 행복전략


| | |
|---|---|
| 인 쇄 | 2011년 6월 20일 |
| 발 행 | 2011년 6월 30일 |
| 저 자 | 정봉현 · 한제선 |
| 발행인 | 김윤수 |
| 발행처 | 전남대학교출판부 |
| 등 록 | 1981년 5월 21일, 第53호 |
| 주 소 | 500-757 광주광역시 북구 용봉로 77 |
| 전 화 | 062) 530-0571/3, FAX \| 062) 530-0579 |
| 홈페이지 | http://altair.chonnam.ac.kr/~cnup |





ISBN 978-89-7598-922-3 (03200)

가격 : 9,000원

이 도서의 국립중앙도서관 출판시도서목록(CIP)은 e-CIP홈페이지(http://www.nl.go.kr/ecip)와 국가자료공동목록시스템(http://www.nl.go.kr/kolisnet)에서 이용하실 수 있습니다.
**(CIP제어번호: CIP2011002690)**